四川省社会科学规划基地重大项目“四川丘区县小农户和现代农业发展有机衔接机制研究”(批准号:SC17EZD017)阶段性成果
安徽财经大学“乡村振兴与普惠金融”学科特区研究支持
安徽财经大学著作出版基金资助

西部地区农村养老保障体系建设中的政府责任研究

郑 军 著

科 学 出 版 社
北 京

内容简介

本书基于制度建设视角，综合政治学、经济学和社会学等多学科理论，从中央和地方两个层面，构建新的农村养老保障体系中政府责任体系的理论框架；通过挖掘西部地区农村养老保障体系历史变迁过程中的政府责任，揭示影响制度发展和创新的内在因素有政府执政理念、传统文化特点等；同时通过考察和借鉴国内外成功经验，深入剖析西部地区农村养老保障体系中，中央和地方政府各自的政治责任、经济责任和社会责任；在此基础上提出西部地区农村养老保障体系的发展方向，并为加快完善西部地区农村养老保障体系的制度建设提供理论依据和政策参考。

本书对相关专业的大中专院校师生、社会保障理论研究者和政策制定者等具有学习和参考价值。

图书在版编目(CIP)数据

西部地区农村养老保障体系建设中的政府责任研究/郑军著. —北京：科学出版社，2020.1

ISBN 978-7-03-060321-0

Ⅰ.①西… Ⅱ.①郑… Ⅲ.①农村-养老保险制度-研究-中国 Ⅳ.①F842.67

中国版本图书馆 CIP 数据核字(2018)第 298815 号

责任编辑：叶苏苏/ 责任校对：彭 映
责任印制：罗 科 / 封面设计：墨创文化

科学出版社 出版
北京东黄城根北街16 号
邮政编码：100717
http://www.sciencep.com

成都锦瑞印刷有限责任公司印刷
科学出版社发行 各地新华书店经销

*

2020 年 1 月第 一 版 开本：B5（720×1000）
2020 年 1 月第一次印刷 印张：11 1/2
字数：232 000

定价：129.00 元
（如有印装质量问题，我社负责调换）

前　言

随着农村人口老龄化程度的日趋加剧，我国农村地区尤其是西部欠发达区域，面临的养老形势十分严峻。加快完善西部地区农村养老保障体系建设，已经迫在眉睫。从现有的理论研究和制度实践来看，政府责任无疑是体系建设和完善的关键。因此，如何充分发挥政府在农村养老保障体系建设中的关键作用，构建农村多层次养老保障体系，真正解决西部地区农村居民的养老问题，已经成为该领域急需解决的重要课题。

现有研究大多局限于经济学视角，从市场失灵和公共品(准公共品)出发，将农村养老保障体系建设中的政府责任概括为制度设计责任、财政责任和监管责任。尽管这些研究内容对我国农村养老保障体系的制度建设具有重要指导意义，但是如果仅局限于经济学的研究视角，忽略制度环境、政府执政理念、价值取向、传统伦理等对制度设计的目标、模式及特点的具体影响，很难获得人们发自内心深处的理解与认同，制度运行也难以达到预期目标。

为此，本书基于制度文化视角，综合政治学、经济学和社会学等多学科理论，通过拓展农村养老保障体系中政府责任的内涵和外延，从中央和地方两个层面，构建新的农村养老保障体系中政府责任体系的理论框架，充分考察和借鉴国内外成功经验，深入探讨西部地区农村养老保障体系，中央和地方政府各自的政治责任、经济责任和社会责任，并大胆预测西部地区农村养老保障体系的发展方向，最终为政府加快西部地区农村养老保障体系的制度建设提供有益的政策参考。

作为四川省社会科学规划基地重大项目的阶段性成果，本研究得到了我的同事孙晓杨老师以及研究生汪佩、曹翀、文毅、姜风雷、汤轩、崔扬的支持和帮助；王新悦、张航、冯舒杰、王赛、丁芬和王子媛等同学也为相关章节的资料搜集贡献了力量。

本研究成果还得到了安徽财经大学著作出版基金资助，以及安徽财经大学“乡村振兴与普惠金融”学科特区研究支持，出版社叶苏苏编辑等也为此付出了辛勤劳动，在此一并表示感谢。

最后，鉴于本人知识修养和学术水平有限，本书对一些问题的总体把握可能存在不妥之处，恳请广大读者批评指正。

目　　录

第一章 导 论

第一节 研究背景、目的和意义

一、研究背景

(一)完善农村养老保障体系是应对西部地区[①]人口老龄化趋势的客观要求

党的十八大报告明确提出，积极应对人口老龄化，大力发展老龄服务事业和产业。只有加快推进城乡社会保障体系建设，全面贯彻落实保基本、可持续、全覆盖、多层次等方针政策，才能真正实现基础养老金全国统筹、城乡居民老有所依的宏伟目标。据统计，2014 年我国城乡居民数量总和已经达到 13.68 亿人，其中年满 65 岁居民占全国总人数的比重达到了 10.1%，为 1.38 亿人；年满 60 岁居民的这一指标则达到了 15.5%，为 2.12 亿人；然而，西部地区人口总量为 3.81 亿人，其中年满 65 岁居民人数为 3892 万人，老龄化程度超过 10%[②]。总体上看，人口老龄化已经成为我国西部地区人口演变的重要趋势，西部地区经济和社会发展也不断受到老龄化带来的冲击和压力。

尽管西部地区老龄化趋势严峻，然而西部各地农民的生活水平以及医疗卫生条件都在明显改善，这得益于西部地区农村经济的快速发展。但是，农村青壮年人口正快速涌向城镇，传统的农业生产要素也逐渐向非农业靠拢，西部地区城乡人口老龄化倒置问题十分突出。西部地区农村普遍出现“空巢化”“高龄化”“少子化”现象。因此，大力推进和完善农村养老保障体系建设，有利于更好地应对西部地区人口老龄化的发展趋势。

(二)完善农村养老保障体系是弥补西部地区农民传统养老不足的重要举措

计划生育政策在我国影响深远，农村地区传统的三代甚至四代同堂的大家庭，大多已被两代核心家庭所替代。西部地区平均每户人口逐年减少，第三次全国人口普查数据显示，1983 年西部地区户均人口数为 5.54；2000 年全国开展第五次人口

---

① 西部地区是指重庆、四川、贵州、云南、西藏、甘肃、陕西、宁夏、青海、新疆、广西、内蒙古。本文西部地区均指以上 12 个省份。

② 数据来源：《中国统计年鉴 2015》。

普查时，西部地区户均人口数减少为4.13；2010年我国举行第六次人口普查，这一数据已经减少至 3.30[①]。这些数据的变化，充分说明我国西部地区传统的几代同堂的“大家庭”已经不复存在，取而代之的是“核心家庭”。多数老人和成年子女已经实现了分居模式，这无疑改变了传统家庭养老的基本格局。

整个西部地区，农村家庭的养老负担日趋沉重。西部地区的老年人近七成生活在农村，而农村经济发展水平低，多数农户收入仅够维持温饱，加上农村社保水平低，成年子女的经济供养仍然是多数农村老人生活的重要保障。随着城镇化发展，农村青壮年劳动力进城务工，成年子女与农村老人长期两地分居已经成为常态，农村家庭养老的保障水平也就可想而知。

另外，我国农村居民长期以来依赖土地获取基本生存物质。然而，由于城镇化与工业化进程加快，农村耕地面积正在不断缩减，农产品总体价值逐渐下降，我国农业生产正面临巨大挑战，农村居民凭借土地获得养老保障将会更加困难。由此可知，加快推进农村养老保障体系建设，是妥善处理西部地区农村养老问题的有效途径。

(三)完善农村养老保障体系是增强西部地区农村养老服务的必要保障

西部地区农村养老保障服务体系大体上涵盖了居家养老与机构养老这两种。事实上西部各地农村养老服务体系，并没有发挥出很好的作用，主要包含以下三个方面因素：

首先，服务设施不全。根据2015年民政局发布的《2014年社会服务发展统计公报》，2014年我国农村养老服务机构数量为32995个，农村养老床位约551.4万张，每1000个老年人仅有27个养老床位，而西方较为发达的国家该项数值已经突破60个[②]，并且西部地区农村养老服务的基础配套设施功能不完善、水平低、规模小，医疗设备不足，医疗技术水平与救助服务要求相差甚远。

其次，服务资金不足。西部地区农村行政经费匮乏，主要来源为村委会自己创收和社会集资，很难满足农村各项工作所需。而作为农村重点工作之一的养老服务，需要许多资金支持，单靠部分企业、个人的捐助以及政府提供的农村养老服务专项资金，远远满足不了要求。

最后，机构养老氛围尚未形成。目前西部各地农村居民多数还没有真正认识、理解和认可机构养老。农村老年人本身就收入低，传统的“储蓄”思想根深蒂固，对于“花钱买服务”的养老消费理念仍无法理解和接受。相比于日趋完善的儿童服务体系和机构，机构养老服务的社会关注度急需提高。

---

① 数据来源：《中国人口和就业统计年鉴2011》。
② 数据来源：2014年《社会发展统计公报》。

（四）完善西部农村养老保障体系是建设社会主义新农村、构建和谐社会的迫切需要

随着我国经济的快速发展，整个社会的后工业化特征日趋明显，以城带乡、以工促农是我国经济继续保持活力的重要保障。社会主义和谐社会的重要前提是社会主义新农村基本建成、农村居民的社保问题基本解决。只有发展了农村经济、稳固了农业根基、改善了农民生活条件，国家才有可能实现富强，广大农村地区才有可能实现稳定，整个社会才会和谐发展。农村地区没有达到小康，直接表明我国发展没有达到小康；农业未能实现现代化，就意味着国家尚未实现现代化。

加快西部地区新农村建设，必须关注和推进农村养老保障体系建设。西部地区是全国和谐发展的薄弱环节，而农村是城乡和谐发展的薄弱环节，加快推进西部地区农村养老保障体系建设，可避免城乡差异的进一步扩大，促进社会和谐。根据有关统计，2014 年我国西部地区农村居民的人均可支配收入为 8295 元，而西部地区城镇居民的这一指标已经达到了 24391 元，东部地区的人均可支配收入更是高达 33905 元①。因此，必须千方百计发展西部地区经济，努力提高农民生活水平，改变地区经济发展不均衡的状况，而完善农村养老保障体系，是西部地区建设社会主义新农村、构建和谐社会的重要前提和保障。

二、研究目的

随着农村老龄化程度的提高，如何解决农村养老问题，尤其是西部欠发达地区的农村养老问题，已经成为全面建成小康社会必须解决的重要课题。目前我国农村社会养老保险提供的基础养老金数额偏低，养老服务急需完善。在构建农村多层次养老保障体系的过程中，政府必须发挥主导作用，加强和落实法制建设、制度设计、财政出资、制度监管等职责，真正解决西部地区农村老人的基本养老问题。

本书以政府责任为线索，通过借鉴国内外农村养老保障体系实践的先进经验，初步构建了我国西部农村养老保障体系建设中政府责任的理论框架，强调中央政府和地方政府均应履行各自的政治责任、经济责任和社会责任，并明确了两级政府、三大责任的各自内容和相互关系，最终以落实政府三大责任为主导，加快推进我国西部地区农村养老保障体系建设。

① 数据来源：《中国统计年鉴 2015》。

三、研究意义

(一)理论意义

首先，从中央和地方两个层面，深入考察了西部地区农村养老保障体系中政府责任的内容和差异。在加快推进农村养老保障体系建设过程中，中央和地方政府的责任在内容上既有区别，又相互影响，二者必须共同协作，才能促进农村养老保障体系发展，即我国农村养老保障体系的建设和完善，必须立足于中央政府和地方政府各自履行好相应的政治、经济和社会责任①，才能真正实现。

其次，基于政府责任视角，分析和借鉴了世界各国农村养老保障体系建设的成功经验。虽然国外关于农村养老保障制度的研究成果颇多，然而这些成果更多是对不同国家政府责任的表现形式和主要内容进行分析，往往缺乏对其形成原因的深入剖析。为此，本书运用历史分析方法，针对政府责任的不同模式，系统考察了其产生发展的历史文化因素，梳理了其发展轨迹和内在规律，并在此基础上为我国政府明确责任，加快完善农村养老保障体系，提出了合理建议。

最后，比较、分析、验证了东中西部地区农村养老保障体系建设的相关实践经验。由于目前国内针对农村养老保障制度模式的研究大多数都是立足于整个中国国情进行总体分析，缺乏针对我国不同区域具体特点进行分析的研究。为此，本书以江苏省、安徽省和陕西省为例，比较分析其地方政府近年来在农村养老保障制度方面的实践效果以及各级政府在政治、经济、社会责任方面发挥的作用，进一步验证本书研究结论的科学性和可行性，给未来的持续分析探索确立研究方向。

(二)现实意义

由于地处偏远、土地贫瘠，西部地区经济发展长期滞后，老龄化特征日趋明显，加上大批青壮年人群进城务工，农村家庭养老方式难以维持。因此，构建对西部地区适用、高效的农村养老保障制度不仅有利于巩固西部地区农业的基础地位，推动城乡协调发展，也有助于提高西部农村老人的生活质量，在一定程度上保障社会公平稳定。

同时，目前我国正致力于建设社会主义和谐社会，必须加快西部地区改革开放的步伐，改善和提高广大西部地区农民的生活质量，但要实现西部地区农村经济的快速发展，必须解决好养老问题。因此，督促西部地区各级政府承担相应责任，不仅有利于更好地保障西部各地农村居民生活与养老服务，还能对西部地区农村经济的稳健、可持续发展有所助益，具有较为突出的现实意义。

① 农村养老保障体系建设中中央和地方政府的政治责任、经济责任和社会责任的主要内容和具体差异，在第二章第四节已有详细论述，在此不再论述。

另外，西部地区农村社会养老保障体系建设是我国统筹东中西部地区社会发展的切入点，政府扮演着建设主体与推动者的角色，担负着重要责任。以西部地区农村社会养老保障体系实施过程中的政府责任为研究对象，意义深远。

第二节 国内外研究现状

一、国外研究现状

(一)社会保障制度中政府责任研究的必要性

伴随着世界经济的快速发展，加快社会保障制度理论研究，已成为学界的重要任务，政府责任无疑是该理论研究的重要前提。早在 20 世纪 20 年代，学者们就提出政府应该在社会保障中发挥重要作用，政府可以向富裕的公民收取税款，然后将税款分配给贫困的公民，为整个社会的公平发展做出努力，增加社会福利(Pigou，1920)。随着西方福利国家社会保障制度的建设与发展，人们普遍意识到在社会保障制度建设中，政府必须履行主导责任，“普惠型”的社会保障模式开始得到广泛认可(Keynes，1936)，社会保障制度理论研究也由此拉开了序幕。

虽然“普惠型”模式主要体现了“全面和普遍原则”，即每一个国民都应纳入国家建立的社会保障制度的保障范围，但在制度实践中还必须依据“区别对待原则”，即根据一定的标准，对不同的社会成员及其保障标准进行分级分类(Beveridge，1942)。“普惠型”模式下，西方高福利国家因其社会福利的巨额支出，财政压力越来越大。这说明在社会保障制度建设中虽然明确政府责任是必要的，但政府责任主要在于积极引导而不是全盘干预。政府在保障模式中应发挥“补缺”作用(Rawls，1971)，国家干预和市场配置两方面的作用应有效结合，同时强调个人责任与权利的平衡(Giddens，1998)。

(二)社会保障制度中政府的政治责任分析

政治学研究者认为福利计划在西方国家的社会保障制度中最大限度地发挥了政府责任，这是国内经济关系和政治权力斗争的结果。科皮(Kopi)指出，福利国家采取的国家干预措施，是政治斗争的产物，这些干预措施主观上并非为了工人利益；奥洛夫(Qrloff)等则认为干预措施与福利国家的发展是相互影响的(托马斯·亚诺斯基 等，2003)。国家的高级领导人为了得到更多民众的支持，需要在民众利益和社会福利之间寻求平衡点，而这些普惠式的福利制度无疑有利于赢得大量选民的支持(保罗·皮尔逊，2004)。

根据公共行政学，政府主动履行职能，有利于提高国家效率，增加社会性福利。美国学者巴尔强调：现代政府利用经济增长来给国家发展注入动力，但这并不能解决贫困问题，相反会使得社会不稳定，导致政治遭受破坏。福利国家要想获得发展，仅仅依赖于经济发展远远不够，必须将政治元素也考虑进来(尼古拉斯·巴尔，2003)。

公共管理学则对政府责任与职能作用进行了重新定位，认为政府可以实现很多市场力量达不到的效果，社会保障改革需要政府明确主导责任，但不是包办一切。公共选择理论认为，最佳的结局就是削弱市场的调节力，最大限度地发挥政府的作用。因此，如果一些市场行为也被政府公共服务所取代，那么这种效果更为显著(欧文·休斯，2001)。纳什(Nath，1979)则认为公众对社会保障的偏好或期望水平，应作为调整政府社会保障法价值的依据。

(三)社会保障制度中政府的经济责任分析

从经济学角度来看，对政府责任的研究主要强调市场优先，政府干预属于市场经济环境下的补偿制度，只有在市场失灵的前提下才会得以启动。值得注意的是，社会保障制度下的政府责任得到了深层次的研究，人们对其理解逐渐加深。

根据公共物品理论，准公共物品(介于纯公共物品或私人物品之间)属于广义公共物品。公共物品的判别准则主要包括是否具有非排他性和非竞争性。因此，准公共物品可分成两类：一类是不具有竞争性，但具有排他性特征的公共物品，比方说医疗、保险等社会保障项目；另一类是消费者没有专属的、有竞争力的公共物品，如养老院、免费体检等社会福利(Samuelson，1954)。对于具有排他性的准公共物品，可有效结合政府与市场供给，消费者因受益而缴纳一定费用；对于不具有排他性的准公共物品，比方说市场，则不存在“搭便车”问题(植草益，1992)。

早期的社会主义与德国新历史学派讲坛为福利国家理论的发展提供了沃土，而不断丰富完善的福利国家理论，也为现代社会保障制度的快速发展，提供了理论指导。如米吉里(Midgley，1986)曾指出，国家福利思想实际上对德国社会保障制度的形成与发展，产生了相当重要的影响，是现代社会保障制度当之无愧的理论基石。

1936年，凯恩斯(Keynes，1936)对萨伊定律持否定意见，并提出了凯恩斯主义的需求管理理论，这一理论大致涵盖了国家干预经济以及“有效需求不足”这两大理论。其中，社会保障理论和政策是凯恩斯国家干预思想的重要内容，该思想强调市场失灵时有发生，必须加强政府责任，才能加快社保体系建设，并对人们的收入进行再分配，减轻经济周期的波动程度。

(四)社会保障制度中政府的社会责任分析

在现代社会生活中，加快社保体系建设不仅有利于化解多重社会矛盾，而且为社会学理论的丰富和完善，提供了许多重要的研究素材和案例，反过来，丰富的社会学理论也为社会保障制度发展提供了理论支持。国外学者从结构功能主义、社会冲突等社会学视角，对社会保障制度中政府承担的责任进行了理论探讨。

结构功能主义主要是探讨社会结构与制度的关系以及社会结构和制度对行动者的制约和影响。帕森斯(Parsons，1945)强调，社会保障制度的形成与发展是社会结构与功能分化的结果，借助社会福利服务，政府可实现对社会问题的操控，而社会结构继续保持整合和平衡社会系统的功能。

社会冲突论代表人物科塞(Coser，1964)认为，社会冲突大多是由于社会分配不均所产生的。达伦多夫指出，社会结构需依靠强制性的权力关系进行维持，但是权力分配难免会出现不均衡的情况，从而引发社会冲突。但这种冲突是社会根本制度范畴内的，不会引起社会性质的根本改变(戴维·波谱诺，1999)。从冲突理论的角度来看，社会福利的存在是阶级利益关系调整的产物，并不是社会各个阶层思想观念统一的结果，因此社会福利支出应由政府买单。

二、国内研究现状

二十世纪八十年代后，随着我国社会主义市场经济的发展，国内学者开始关注农村养老问题。从中共十六大强调要大力推行农村养老保险制度试点起，农村养老保障问题受到广大专家和研究人员的重视，并取得了较为显著的研究成就。

(一)我国农村养老保障制度构建的必要性

许多学者从宏观和微观两个方面指出，要以积极、主动的态度构建农村养老保障制度。

首先，从宏观层面而言，构建农村养老保障制度能缓解老龄化问题形成的社会压力，加快农村经济发展，缩小城乡差异，有助于我国城乡经济社会的持续稳健发展。而加快农村养老保障体系建设，也有利于“三农”问题的解决(刘卫国，2007)。

其次，从微观视角来看，传统的家庭养老已经失去了社会基础，不能为农村老人提供真正保障；而城乡经济差异以及农村老龄化问题的日益突出，使农村养老压力愈来愈大。另外，加快农村养老保障体系建设，能有效防止一些因市场化生产、农村产业结构调整产生的经济风险(谭克俭，2009)。

(二)我国农村养老保障体系存在的主要问题及原因

改革开放以来我国经济发展取得重大成就，城镇居民的各项社保制度日趋完善，然而广大农村居民的各项社保制度仍处于初始阶段。虽然政府在农村社会保障制度建设中已经做了一些实际工作，但目前形势仍不容乐观。

目前，家庭养老仍然是我国农村老人的主要依靠，虽然农村养老保险制度为解决农村养老问题带来了新的希望，但其可行性仍有待提高。相对而言，社会养老在经济发展程度较高的农村地区显现出很强的活力与生机，但其仅仅是一种过渡形式，不具有规范化的制度保障作用(关信平，2011)。城市的养老模式是正规的养老保障制度，而农村恰恰相反，主要是非正规的养老模式，如家庭养老、土地养老、自我支持。然而，基于家庭结构的核心化，农村青年进城务工的常态化，家庭养老的功能正逐渐弱化，土地保障作用也逐渐消失(邓大松 等，2007)。

针对农村养老问题的原因，学术界进行了认真分析和探讨。有学者认为，有关制度监管不到位、养老保险缺乏财政补贴等是农村养老诸多问题的原因之一(公维才，2007)。农村非正式养老保障模式能够发挥作用，主要是由于历史背景、社会文化以及经济发展等因素(崔红志，2012)。

针对农村养老保障出现一系列不良状况，主要包括主客观两大方面的原因。从客观条件上看，农村养老保障制度发展滞后的内在根源，主要在于城乡二元化经济结构；从主观条件上看，过分强调土地保障、家庭保障等，是农村养老保障体系建设长期落后的重要因素(曲娜娜，2012)。

(三)农村养老保障制度的设计

我国农村养老模式正在快速发展，除传统家庭养老与现代社会养老外，新型的社区养老以及个人储蓄养老也在逐渐发挥重要作用。 考察这些不同的养老模式，并对其优越性进行研究分析，有利于构建具有强大保障能力、分工科学合理的农村养老保障体系。

1. 分类分层，区别对待

当前农村各个阶层已逐渐形成，分层分类，有计划、有步骤地解决各类农村居民的养老问题，已经在理论界和各级政府部门达成共识。东部发达地区试点的策略，也可以为西部农村养老保障制度的顶层设计和组织实施提供重要经验(郑功成 等，2002)。某些地区甚至可以“照搬”发展较为成熟的城镇养老保障制度。而购买商业养老保险产品，也是具有中等收入水平的农户提高养老水平的重要方法之一(陈志国，2005)。

“分类分层，区别对待”，可先在经济发达区域进行试点，逐步推广到中西部地区，最终形成多种养老保障模式并存的格局(郝金磊 等，2011)。

2. 多种养老方式结合

我国人口总量中绝大部分仍是农民，不管是家庭养老、社会养老，还是社区养老以及自我储蓄养老，都无法独力承受，需要共同协作分担，才能解决农村养老问题。在经济发达、财政支持力度大的农村地区，农村养老保险可以采取政府财政与集体经济共同出资的方式完成，即分类处理、区别对待，如可尝试将城镇养老保险的覆盖范围扩大到失地农民，而仍然持有土地承包权的农民，可先办理农村社会养老保险；在经济相对滞后的农村地区，农村居民养老保障可采取家庭养老与社区养老协调发展的方式，高度关注土地保障（杨翠迎，2005）。

农村养老保障主要可分四个等级：其一，强制性的补充保障，可充分借鉴国外经验，在农村构建农民年金积累模式，资金多来自政府对农业的补贴以及农民个人收入；其二，免费提供的最低保障，主要是农村贫困老人，可办理低保与社会救助；其三，自愿参与的补充保障，为集体经济组织或农民投资者购置商业养老保险指引方向；其四，农村养老保险制度，集体经济、农村居民个人消费以及政府补贴是影响养老水平的三大核心要素(王奕，2013)。

3. 进行制度创新

我国农村已经呈现出人口老龄化、农民群体多样化的特征，学习和借鉴国外成功经验，有利于加快制度建设，少走弯路，但不能照搬照抄，这就要求对现行农村养老保障制度不断进行实践与创新，深入分析和考察多种影响因素，包括政府理念、制度价值导向与传统孝道文化等。因此，政府必须履行责任，创新执政理念，塑造新型养老文化以及探索居家式养老服务等，为制度创新提供一个好的环境(郑军，2013)。

(四)政府在农村养老保障体系建设中的定位和责任

1. 明确政府责任的必要性

在建设农村养老保障制度的过程中，政府应承担哪些责任，具体发挥什么作用，这不仅仅需要明确政府在其中所扮演的角色，也需要对政府责任的主导职能与有限性形成充分的认识(杨秀凌 等，2014)。

实际上，我国农村养老保障体系的建设并非一朝一夕就能完成，任何组织都不能独力实现，只有中央和地方两级政府协同合作，履行相应职责，比如共同提供财政资金的情况下才能完成。若仅有中央财政提供支持，根本无法有效确保农村养老保障体系建设工作顺利进行(李正旺，2014)。但我国地方政府特别是基层政府的财政收入非常有限，很难给农村养老保障制度实施提供足够的财政资金支持，这在某种程度上延缓了我国农村养老保障体系的建设进程。

2. 政府责任的内容

具体而言，政府在农村养老保障体系建设过程中，应扮演好制度设计、组织领导、资金保障、服务提供与运行监管这五种角色(葛庆敏 等，2011)。

我国农村养老保障体系建设不仅需要政府承担政治责任和经济责任，还要履行法制建设职能。政府虽然提供了农村养老保险建设的试行“方案”，但相关的法制建设仍需加强和完善，再加上试行“方案”存在不确定性，容易造成农村老人的养老权益缺乏长远支撑(龙莹，2015)。因此，在农村养老保障体系问题建设中，政府应承担首要经济责任，加强法律建设，同时平衡社会责任。

3. 政府履行责任的模式

我国农村养老保障体系建设过程中，政府不能仅仅制定出台相关的政策文件等，还需在制度运行时以公共财政为依托，促进农村养老保障制度的发展。也就是说，政府在农村养老保障体系建设过程中所发挥的功能与作用，应当从“政府扶持”逐步过渡到“政府支持”(刘菩玲，2009)。然而，政府也不是万能的，制度建设需要广大农民、地方集体经济、村社组织、商业保险公司等各种主体的充分参与。因此，最合理的养老保障模式应当是市场、政府、社会合理分工，各自负责完成本职工作，最终实现“三位一体”的良性互动。在此模式内，政府行为会由于客观社会经济条件以及社保制度的建制理念变化而发生改变(金雁，2010)。

因此，政府必须结合实际，适时加大政策宣传力度和财政支持力度(宋昱辰，2015)。从整个养老保障体系的发展趋势来看，逐步实现城乡统筹已经成为中国梦的重要组成部分。

4. 地方政府的相关制度实践

目前农村养老保障体系建设已经得到了中央政府的重点关注，大量利好政策先后出台，西部地区各地方政府也一直全面贯彻落实中央的相关政策，并借此契机，进行服务型政府转型，为“新农保”制度建设提供大力支持。各地政府在积极宣传中央政策提高农民参加养老保障积极性的同时，还要确保农村养老资金的安全(杜广庆 等，2007)。

我国地方政府在实践农村养老保障制度时应重点处理好以下关系：其一，中央政府和地方政府两级财政出资的责任关系；其二，制度设计要充分考虑农村养老保障和其他保障制度的相互衔接；其三，应妥善处理法律范围内农民表达利益诉求与政府正确决策之间的关系；其四，确立并健全干部绩效考核机制(钱亚仙，2008)，确保地方政策实施思路与中央保持高度一致，理清二者责任关系，促使我国农村养老保障制度健康发展。

三、现有文献评析

目前，国内大多数学者对于农村养老保障体系中的政府角色定位与职能作用，已经形成共识，强调加快农村养老保障体系建设，政府必须发挥财政出资、法制建设、监督管理、制度设计等方面的主导作用。

我国养老保障制度建设滞后于西方发达国家，起步时间更晚。综观我国现有的研究成果，大部分是关于城镇养老保障，真正与农村养老保障相关的文献研究很少。如今，城镇养老保障无论是覆盖范围还是养老金数量，均已达到了较高水平，而农村养老保障体系还处于探索阶段。因此，深入考察我国农村经济社会发展的现状及走向，加强农村养老保障制度的顶层设计和制度安排是大势所趋。

本书既对政府责任内涵及其外延进行拓展，又充分利用跨学科研究手段，以政治学、经济学和社会学等诸多理论为依托，试图建立农村养老保障中政府责任研究的理论框架；并对农村养老保障制度发展趋势进行大胆预测和分析，最终为政府构建符合我国西部地区基本特征的农村养老保障体系提供参考和政策建议，从而加快完善我国西部地区农村养老保障体系的制度建设。

第三节　研究思路和主要内容

一、研究思路

本书的研究思路是：构建理论框架→制度剖析→经验借鉴→提出建议，即前两章主要阐述农村养老保障体系建设中政府责任的新型理论框架；第三章分析我国西部地区农村养老保障体系的发展现状；第四章到第六章分别从政治、经济、社会角度，分析我国西部地区农村养老保障体系建设中的政府责任；第七章和第八章分别从国际和区域的角度比较，分析农村养老保障体系建设中政府责任的差异及其启示；第九章对西部地区农村养老保障体系未来变革和创新中的政府责任进行展望预测并提出政策建议。

本书研究思路与框架如图 1.1 所示。

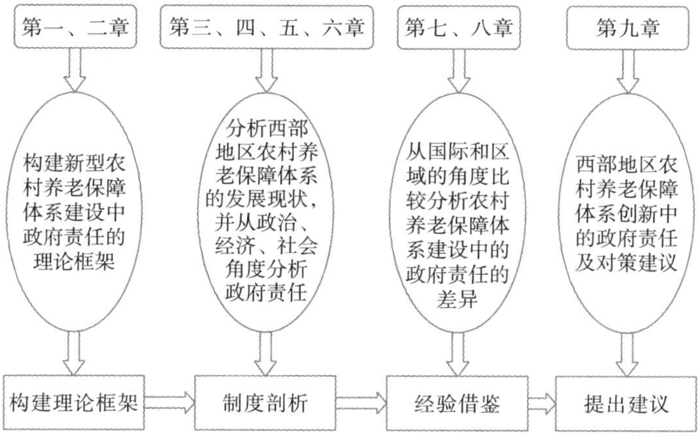

图 1.1　全书研究思路框架结构图

二、主要内容

第一章“导论”部分，主要针对本书的研究目的、背景、意义、国内外文献综述、创新之处、研究方法等进行系统介绍。

第二章“我国西部地区农村养老保障体系建设中政府责任的理论分析”部分，首先分析了我国农村养老保障体系建设中明确政府责任的必要性及其内涵特点；然后分别从政治学、经济学、社会学角度，分析农村养老保障体系中政府责任的理论基础；最后阐述我国西部地区农村养老保障体系中中央和地方政府责任在政治、经济、社会方面的主要内容。

第三章“我国西部地区农村养老保障体系发展现状”部分，主要对现阶段我国西部地区农村的老龄化、传统家庭养老、商业补充养老、养老保障服务、社会基本养老等的现状及特点进行描述和分析。

第四章“我国西部地区农村养老保障体系建设中政府的政治责任”部分，通过分析中央政府提出的“构建社会主义和谐社会”的执政理念及其对“新农保”制度价值取向形成的影响，全面阐述西部地区各地政府探索“新农保”制度模式的相关实践，从而在政治层面分析了西部地区农村养老保障体系建设中的政府责任。

第五章“我国西部地区农村养老保障体系建设中政府的经济责任”部分，从制度设计责任、财政责任和管理责任等角度分析我国西部地区农村养老保障体系建设中政府在经济层面的责任。

第六章“我国西部地区农村养老保障体系建设中政府的社会责任”部分，从社会层面分析政府在农村养老保障体系建设中的责任。包括确立西部地区农村养老保障适度水平的政府责任及政府提高西部地区“新农保”制度覆盖率的责任、加强“新农保”与传统养老文化协调发展的责任、建立西部地区城乡养老保障体系衔接机制的责任等。

第七章“农村养老保障体系建设中政府责任的国际比较及启示”部分，首先对发达国家农村养老保障体系的发展历程及主要模式进行深入剖析，然后从理论上分析不同类型养老保障体系与政府责任的关系，最后通过对农村养老保障体系建设中政府责任差异的国际比较，得出对我国农村养老保障体系建设中政府责任的启示。

第八章“农村养老保障体系建设中政府责任的区域比较及启示”部分，首先阐述区域比较分析农村养老保障体系建设中政府责任差异的研究意义以及国内外研究现状，然后介绍三个典型地区农村养老保障体系建设中的政府责任概况，最后从三个典型区域比较中得出启示。

第九章“我国西部地区农村养老保障体系建设中政府责任的研究结论和政策

建议”部分，根据当前我国西部地区农村社会保障体系建设中政府责任错位与缺位的现实，提出从政治、经济、社会三个方面逐步完善政府责任，健全农村社会保障体系的具体措施和建议。

第二章　我国西部地区农村养老保障体系建设中政府责任的理论分析

第一节　明确政府责任的必要性

一、政府职能转变的必然要求

根据古典经济学理论，政府职能应该专注于保护个人自由以及个人私有财产神圣不可侵犯。该理论强调如果市场行为遭遇政府过多干预，很可能会导致市场竞争受到干扰，国家经济混乱。然而，市场也不是万能的，仅仅依靠市场自身的力量进行调节，很难实现市场经济的稳健发展。在古典经济学理论中，只有在政府干预能够给国民经济带来好处的前提下，政府才可以对市场进行干预。此时政府的功能只限于以下方面：首先，保护社会，使本国国民不受其他国家的欺凌。其次，保护全体社会公民，使得本国国民免受恃强凌弱的困扰。最后，建设公共事业和维护公共设施。总体来说，政府职能主要包括保卫国民安全、为大众提供服务、稳定社会秩序(亚当・斯密，2005)。

人类社会一直向前进步发展，社会发展阶段随之不断演变。例如，当资本主义社会从自由资本主义阶段发展到垄断阶段时，资本家掌握了社会上的大部分财富，失业人员激增，社会矛盾加剧，市场经济混乱，社会动荡不安。如果此时政府仍然像过去一样实施不干预的政策，仅仅承担一个“守夜人”的责任，不管理或者很少管理国家，那么政府很难调整市场行为。因此，现代社会的正常运转需要改变传统政府的不干预观念。为了将社会矛盾减小到最低，使市场在一个稳定的秩序下运行，政府需要扩大承担的责任范围，除了过去的基本职责外，政府还需要承担起维持经济社会平稳运行的职责，加大对市场经济的干预力度以维护人民生活的幸福。此时的经济发展仅仅依靠市场这只“看不见的手”是远远不够的，政府必须发挥自己的作用。

从十八大报告可以看出，新时期我国政府更加关注社会保障制度建设，提出要改革完善社保制度，使其从覆盖更广发展到真正实现全面覆盖，让每一个普通市民都能参与社保并且从中得到益处。2014 年中央政府颁布了《国务院关于建立统一的城乡居民基本养老保险制度的意见》(国发〔2014〕8 号)(以下简称《意见》)，采用社会统一筹备和个人账户相融合的模式，政府、集体与个人三方主体都应承担一定的出资责任，确保资金来源渠道通畅；社会统筹提供基础养老金，个人账户提供补充，二者共同保证参与保险的公民获得养老方面的权益，并对缴费较多以及交费时间较长的人员给予更多的鼓励；基础养老金应该根据物价变化和经济水平的提高而变动，制度运行应引入互联网机制不断提高服务和管理水平，确保养老服务水平得以提升。2015 年中央又出台了《国务院关于机关事业单位工作人员养老保险制度改革的决定》，该规定要求改革事业单位员工的养老保险标准，而企业劳动者的养老金标准也要相应提高。

西部地区的地方政府为了刺激经济发展，充分发挥了政府作用。如 2014 年甘肃省政府开展了“1236”扶贫攻坚行动，主要目的是增加贫困人口的收入。从 2014 年起，四川省政府逐年提高了该省老人的基础养老金水平，从原来的每月领取 55 元养老金，增加到 60 元，四川省政府财政部门承担增加的费用。除此之外，对“新农保”和城镇居民养老保险缴费补贴进行了改进，缴费数额有差异的居民，补贴数额也有所不同(如表 2.1)，缴费多的单位，补贴额度相对更大。四川省政府正是采取了这种差异化补贴政策，让养老补贴发挥了更大的效用。

表 2.1　2014 年四川省政府对于不同缴费的差异性补贴　[单位：元/(年・人)]

缴费档次	补贴数额
100—200	40
300	45
400	50

数据来源：《2015 年四川统计年鉴》。

二、农村人口老龄化难题化解的必要措施

社会在发展，科技也在进步。科技的进步促进了医疗事业的发展，医疗条件的改善极大地降低了我国人口的死亡率，也使得老龄化问题更加突出(见表 2.2)，西部地区老年人口越来越多。2014 年，西部农村各地有 2976 万年龄大于或等于 65 岁的居民，该人数占西部地区总人数的比例为 10.06%，相当于全国农村总人口的 18.8%[①]。人口老龄化会导致西部农村地区的劳动力大量减少，严重影响西部地区农业的发展。因此，政府需要采取一定措施来应对西部农村地区老龄化问题。为了保证我国西部地区老年人口“老有所依”，使西部农村人口老龄化问题有所改善，应该将新型农村养老保险制度和传统养老文化有机结合，以完善养老保障体系。

① 数据来源：《2015 年中国统计年鉴》。

表 2.2 2000 年和 2010 年城镇和农村人口老龄化状况

年份	60 岁以上比例/%		65 岁以上比例/%	
	城镇	农村	城镇	农村
2000	9.68	10.92	6.42	7.50
2010	11.68	14.98	7.80	10.06

数据来源：2000 年人口普查数据、2010 年人口普查数据整理而得。

三、人口流动机制畅通的必要保证

西部地区人口流动问题对于养老保障制度的实施也有一定影响(见表 2.3)。由表可知，2010 年，西部地区人口迁出率普遍较高(如内蒙古自治区甚至达到 15%)，导致西部地区人口不均衡发展。四川省迁出率为 8%，而迁入率只有 0.7%，四川省政府急需采取措施让劳动力流入该省，特别是吸引一些高素质人才。因此，要建立畅通有效的人口流动机制，保证西部地区的人才供给，政府就必须以解决农村居民养老问题为契机，承担应有的责任。

表 2.3 西部地区迁移人口与总人口比例、流出省(区、市)外人口与该省(区、市)人口的相对强度

地区	合计/人	总迁移率/%	迁入率/%	迁出率/%	流出省(区、市)外人口/人	流出省(区、市)外人口与该省(区、市)人口的相对强度/%
重庆	28254314	9.3	1.4	7.7	1005773	3.56
四川	76182542	8.7	0.7	8	6937793	9.11
贵州	31285200	7.7	1.3	6.7	1596461	5.1
云南	38226672	10.1	3	7.1	343542	0.9
西藏	2310307	9.3	4.7	4.5	19849	0.86
陕西	33018083	7.2	1.3	6	804454	2.44
甘肃	23013261	6.8	1	5.8	585868	2.55
青海	4360863	12	2.9	9.1	94988	2.18
宁夏	4931879	13.6	3.9	9.7	90163	1.83
新疆	16808291	16.8	8.4	8.4	156263	0.93
广西	40401357	8	1.1	6.9	2441847	6.04
内蒙古	21834015	17.5	2.5	15	504557	2.31

数据来源：第六次人口普查资料。

四、农村居民权益保障的必然要求

我国西部地区农村居民与城镇居民都应该同等享受养老保障制度带来的好

处，但是因为城乡发展不协调，特别是二元化城乡经济模式，进一步扩大了二者差距。城乡收入差距大，农村因户籍问题而导致的各种社会保障补贴较少，使得西部地区的农民遭遇很多不公平待遇，例如医疗、养老的问题，这种城乡区别对待激化了城乡之间的矛盾。因此，西部地区农村社会保障问题急需政府职能的干预。另外，西部地区传统家庭模式，给农村养老保障带来严重困扰。众所周知，西部地区大部分农户的养老方式是家庭养老，然而计划生育政策使得农村家庭小型化、核心化，农村老人较难从子女那里获得充足的精神慰藉和金钱补贴，再加上生活压力较大，很多儿女忙于工作挣钱而无法顾及老人的感受。因此，加快完善西部农村养老保障体系十分紧急。

为了加快养老保障体系的建立，我国政府出台了很多政策。例如2009年国务院提出的新型农村社会养老保险(简称“新农保”)政策，强调“保基本、广覆盖、有弹性、可持续”的重要原则。首先，这项制度充分考虑农村经济仍处于较低水平，筹资标准和待遇标准必须适应农村经济水平以及承受能力。其次，各个责任主体(个人、集体、政府)都要分配合适的任务，其宗旨是各个责任主体不能只享受权利，还要做好自己分内的事务。因此，政府必须发挥作用，根据农民自身意愿，使农民自愿缴费从而参与到保险中去。最后，中央政府应明确政策方向及遵循的原则，地方政府落实具体的政策措施，二者共同协作，有效管理相关情况。该政策自实施以来有效保障了西部地区农村居民权益，成为我国养老保障体系的重要组成部分。

五、农村养老保障制度顺利实施的重要前提

农村养老保障制度主要指国家制定法律政策，积累各种社会资源，通过对老年人实施补贴的方式，使得劳动者在年老时维持基本的生活水平。该制度由养老保险、老年救助等内容组成。西部地区农村养老保障方式以传统的家庭养老为主，这种方式已经很难适应新状况。中国很多地区的家庭都是“4-2-2”或“4-2-1”结构，西部地区也不例外。这种越来越小的家庭规模导致家庭负担加重，完全依赖传统的家庭养老已经不具有可行性，急需新的养老方式给予补充完善。为了减轻年轻人的养老负担，政府除了要重点改善养老保障制度，还要想方设法逐步增加农民的收入，给予他们更好的劳动福利。然而，如今西部地区农村居民平均纯收入与全国农村居民相比还有较大差距(见图2.1)。只有政府给予支持，年轻人才有更多的收入来赡养自己的长辈，劳动者才能在年老时有足够的资金生活。因此，政府充分发挥主导作用，无疑是西部各地农村养老保障制度建设正常运行的重要前提。

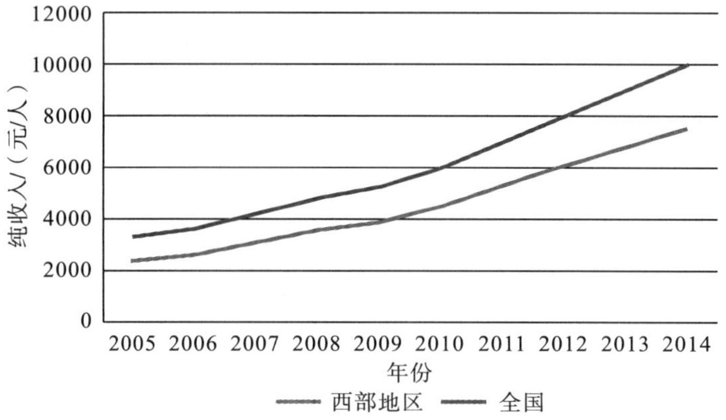

图 2.1 2005—2014 年中国西部地区及全国农村居民纯收入[①]

六、农村居民参与养老保障的强力保证

养老保障服务具有公共产品的特点，即非竞争性与非排他性，这种特性导致私人部门很难动员农民参与养老保障制度的建设。养老保障的非排他性是指不把其他人排除在养老保障的受益范围之外，即养老保障体系是政府提供给所有公民的福利政策，全体国民都有权参与并获得保障，其中包括广大农民；养老保障的非竞争性是指它并不是仅仅提供给部分人的产品，而是提供给整个社会的产品，每一个人都能享受到养老保障体系带来的好处。农村养老保障在一定程度上为社会发展解决了后顾之忧，然而养老保障风险过大，私人部门很少愿意经营，因此要靠政府部门的公信力，才能使更多的农民积极参与农保，才能向社会提供这种公共产品。近年来，云南省养老保险基金收入一直都在增加，如图 2.2 所示，从 2005 年的 862728 万元增长到 2014 年的 3581532 万元，2006 年增长率达到了 15.17%，2011 年养老保险基金收入增长率最高，达到了 42.96%，该年养老保险基金收入为 2773489 万元。另外，基本养老保险累计结余由 71.4 亿元增加到 2014 年的 127.4 亿元[②]。由此可知，由于中央政府对西部地区出台了一系列“新农保”政策，各级政府履行了更多的责任，西部各地农民缴费参保的积极性得到很大提高，西部地区养老保障效果有了显著改善。

因此，只有在政府的大力支持下，西部地区农村居民才能更加积极地参与到养老保障体系中，农村养老保障体系建立才有可能取得成功并真正发挥作用，从而促进西部地区经济稳健发展。

① 数据来源：《2014 年中国农村统计年鉴》。
② 数据来源：中华人民共和国统计局。

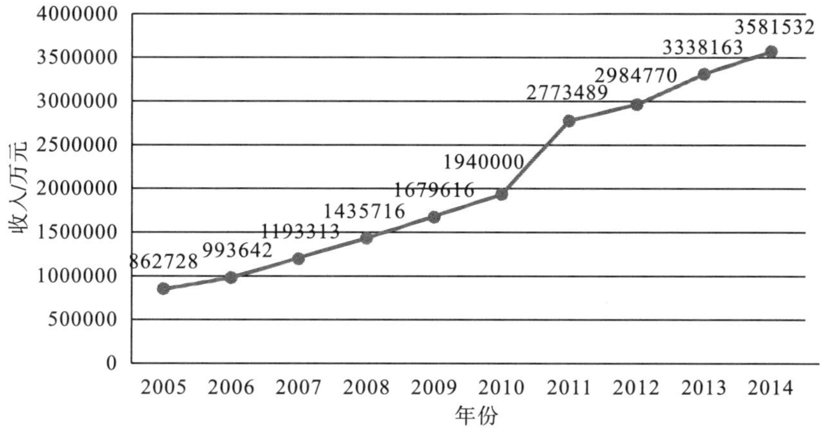

图 2.2 2005—2014 年云南省基本养老保险基金收入①

七、西部地区与中东部地区和谐发展的必要条件

西部地区由十二个省份组成，总占地面积 538 万平方公里②。虽然面积辽阔，但是人口和占地面积相比数量太少，主要原因在于西部地区坐落于我国经济薄弱地带，经济相对于中部和东部，始终处于劣势。因此，西部的养老保障体系建设急需我国中央政府的支持。西部农民的生活水平不高，收入水平与中东部地区相比差异很大(表 2.4)。如果政府不出面改善西部地区农民收入情况，很可能会导致西部地区大量人口迁移，这无疑会延缓西部地区的发展速度，也会导致西部农村地区发展停滞不前。

因此，政府构建、完善西部地区农村养老保障体系迫在眉睫，也是保证东、中、西部协调发展的重要条件。

表 2.4 东中西部地区农村居民家庭人均纯收入的差距变化

年份	东部/元	中部/元	西部/元	东中部差异/元	东西部差异/元	东中西部之比
1978	172	135	119	37	53	1.44:1.13:1
1980	229	194	171	35	58	1.34:1.13:1
1985	505	388	323	116	182	1.56:1.20:1
1990	943	653	553	289	390	1.70:1.18:1
1995	2384	1424	1055	960	1329	1.70:1.35:1
1998	2854	1986	1474	868	1380	1.94:1.35:1
2000	3271	2078	1661	1193	417	1.97:1.25:1
2005	4720	2957	2379	1763	2341	1.98:1.24:1

① 数据来源：中华人民共和国统计局。
② 数据来源：《2015 年中国统计年鉴》。

续表

年份	东部/元	中部/元	西部/元	东中部差异/元	东西部差异/元	东中西部之比
2010	8143	5510	4418	2633	3725	1.84:1.25:1
2013	12052.1	8376.5	6833.6	3675.6	5218.5	1.76:1.23:1

数据来源：《2014 年中国农村统计年鉴》。

第二节 政府责任的内涵及特点

一、政府责任的内涵

政府责任区别于责任政府，是一个国家的民众对于政府实现责任的要求。人们对政府责任的认识也因不同学科而呈现较大差异。具体如下：

(1)在政治学角度上，最典型的就是“马克思主义国家说”，其认为政府属于国家机器的一部分，政府的政治责任与本国所属的社会性质息息相关。恩格斯也认为国家是统治阶级来统治被统治阶级使用的工具(中共中央马克思恩格斯列宁斯大林著作编译局，1995)，这一观点得到了列宁的认可和支持(中共中央马克思恩格斯列宁斯大林著作编译局，1986)。斯大林在前人的基础上，提出国家的功能分为对内功能和对外功能；对内功能是政府功能中最重要的，指维持社会正常秩序；对外功能是次要的功能，包括防止本国被他国侵占欺凌的功能(中共中央马克思恩格斯列宁斯大林著作编译局，1979)。由此可知，在政治学角度上，政府要想更好地实现自己的职能，必须在国家需要时尽到自己应该承担的责任。

随着经济的发展，政府责任也在社会的各个层面得到了体现。狭义的政府责任仅仅要求政府行使职权时不得超越法律之上，否则要承担相应后果；广义的政府责任是指在法律允许的前提下，政府机关的工作人员按照国家政策规定履行职责。我国政府责任通常可分解为两个部分：一是政府对于人民应该尽的义务；二是政府内部责任。一般来说，政府责任可以区分为法律上、政治上、行政上和道德伦理上四部分责任。本书基于广义范畴界定政府责任，指在农村养老保障体系建设中政府应该负担的政治、经济与社会多个层面的责任。

(2)在经济学角度上，亚当·斯密在《国富论》(亚当·斯密，2005)中指出政府责任也可以分为内部责任和外部责任，内部责任是为了防止本国所有的公民受到本国公民的欺负；外部责任是为了防止本国公民受他国的欺凌。政府在自然经济时期享受暴力统治的利益，而在市场经济时代转变为实施管理和服务的义务。政府责任的变化表明了如今的政府相对于过去定义的权力机构，更强调对全社会经济发展所起的重要作用，提高全民福利是政府运营的宗旨。过去很长一段时间，在自由资本主义市场经济的影响下，社会上普遍认为政府不应该过度干预市场，即由市场自动调节经济发展。然而，垄断资本主义出现后，迫使政府增大了市场管理的力度，因而政府职能逐渐加强。

(3)在社会学角度上，“社会契约论”的代表人物卢梭等认为国家的责任是防御人们自身无法克服的公共风险。他认为政府是代表“公共力量”处理各项事务的，公共事务应主要由政府开展与控制，政府责任是为了维护社会和谐而做出对公众有利的公共活动。另外，卢梭还指出政府责任有可为和不可为责任，即政府应当做某事的责任和不应当做某事的责任(让•雅克•卢梭，2010)。洛克则从另一个方面对此进行了补充，认为国家之所以要保护人民的生命、财产与自由，是由于现有法律还不能公正地解决人们之间的纠纷和冲突(约翰•洛克，1982)。托马斯•霍布斯(1985)在《利维坦》中提出，自然法则和人类竞争会导致公共风险难以抵挡，所以要有一个公众都信服的权力机关才可以抵抗外来侵略和减少内部斗争。

综上所述，政府责任虽然在不同的区域内拥有不同的解释，但是总体目的都是一致的，都是发挥政府职责，使人民生活更加美好。

二、政府责任的外延

政府责任向外延伸的含义包括政治上、经济上和社会上的责任(郑军，2011)。

(1)政治责任。政府的政治责任一方面是指政府行为的目的是服务人民，将为人民谋福利作为最高宗旨，许多政治决策和措施必须要以人民利益为根本；另一方面，政府颁布的措施不当时，尽管不受法律上的惩罚，但会导致政府公信力下降，加剧政府政治危机。

(2)经济责任。政府的经济责任通常是指政府有责任提高公民的物质生活水平，进而提高整个社会的发展水平。政府应以不断改善公民生活状况，满足公民精神文化需要为宗旨，实施经济政策，例如通过征收税收实现收入再分配、通过资助公共事业为更多的人提供工作岗位等。

(3)社会责任。政府必须稳定社会正常的运行秩序，倡导积极的人生观、价值观，进而推动社会良性发展。

三、政府责任的特点

政府责任的特点包括合法性、义务性、强制性和时代性。

(1)政府责任的合法性是指政府作为国家的行政机关，行使一切权利具有合法性。狭义的政府是指在法律允许范围内，解决国家事务的机关单位；广义的政府是指所有中央和地方的行政机关单位。作为一个合法的行政机关，政府有责任管理国家大事小事。因此，政府责任具有合理性，更具有合法性。例如政府可以合法地强迫社会成员履行他们的责任义务，保证社会公平有序地运行，这也是政府应该履行的责任。当然，政府的活动必须是法律允许之内的，不能超越法律之外。

(2)政府责任的义务性是指政府有义务为公众谋福利，遵守法律法规。所谓义务，是指理所应当，也就是分内之事，在这里不仅包括政府必须履行的义务，还有不能从事的事项。必须履行的义务是指政府为了追求公共福利最大化而不断制定政策、践行措施的责任，政府要始终把人民群众的利益放在首要位置；不能从事的事项是指政府不得实施违反法律法规的举措，如果政府带头任意破坏法律法规，很可能导致国家市场经济混乱、政局动乱以及社会不安定因素增加。因此，政府承担责任的同时不能违背责任的义务性。

(3)政府责任的强制性是指政府颁布的政策和法律，向依法设立的各级政府和相关职能机构发出的具有强制性的命令，必须接受并且执行，可以履行也可以不履行的政府职责是不存在的。我国各级人民政府是国家行政机关，所执行的每一项事务都要遵循国家的宪法法规，接受国家监督机关的审查和人民的监督检验。

(4)政府责任的时代性。政府责任也会随着时代变化与社会发展不断发生变化，因此政府责任具有一定的时代特点。一方面政府责任的内容是变化的，这种变化是与市场经济下政府和市场分别承担不同的任务以及政府和公众的力量比较有关；另一方面政府责任的范围时刻发生着变化，随着社会发展，政府履行的责任涉及层面越来越广，内容也越来越多，扩大到公众事项的各个方面。

第三节　农村养老保障体系建设中政府责任的理论基础

一、政治学理论基础

政治学理论是研究以国家政权为核心的政治关系、政治现象及其发展规律的理论。从政治学理论出发，政府履行责任、推动农村养老保障体系建设，既能满足社会需求、保障人民生活质量；也能巩固政权，提高政府公信力。

(一)国家干预理论

传统的政治学理论认为国家责任在于维护社会稳定，帮助全体国民克服短视行为。休谟的《人性论》进一步指出，只有政府出面干预，才能有效避免公众只注重眼前利益而忽视了长期危害的缺点(大卫·休谟，2002)。

19 世纪 70 年代，新历史学派认为政府应该加大干预力度和广度，强调有效的政府干预有助于化解社会矛盾，减少不同群体之间的冲突，促使社会正常运行。该学派反对资本主义自由放任的观点，认为只有在政府的干预下，市场经济的快速发展与社会环境的必要维护才能真正实现，才可以使社会健康地发展，从而提高人民生活质量。如德国的《伤残与老年保险法》是政府为缓和社会矛盾，站在弱者角度看问题，解决伤残和老年人士生活问题的法律，表明德国政府将国家干预理论应用在解决社会问题上。

(二)国家责任理论

20 世纪 50 年代，社会主义民主学派崇尚民主，以实现收入均等化为目标，认为每个人不论性别、种族等，都享有相同的权力。政府为了实现人人平等的目标，应该采取某种有效的措施来保障社会每个群体的权利，尤其是那些弱势群体(J.G.斯塔克，1984)。这一观点体现在农村养老保障上，就是政府应该着重改善农村养老保障体系，在财政上给予支持。该学派认为政府对国家经济建设和维护社会稳定担负重要职责，应主动出击，实施策略来支持国家经济建设以及社会和谐发展。

二、经济学理论基础

经济学理论是研究经济发展客观规律的理论，其着眼点在于如何促进经济发展。建设农村养老保障体系是对市场经济的有效补充，弥补市场经济下社会公平不足的问题，有利于国家经济发展和社会平稳运行。

(一)福利经济学理论

“福利国家”这一概念首次出现在《贝弗里奇报告》，强调国家福利对于国民生活的重要意义。该理论认为国家应保障公民基本福利，包括人民基本收入、基本社会保障等，使所有公民享受到更好的社会服务。

福利经济学派追求福利均衡，分为新旧两个学派。旧福利经济学派最著名的代表是 Pigou，他提出“最大原则”，支持国民收入均衡发展，即通过转移性支付，穷人获取部分富人的财富，提高穷人的福利水平，以确保贫富差异不至于过分悬殊，从而减少人们的不平衡心理，保证社会稳定发展(Pigou，1920)。补偿原则是新福利经济学派主要支持的原则，指政府应该采取措施将财富受益者的部分财富转移给财富受损者以补偿穷人，达到均衡分配财富的目的。

《贝弗里奇报告》指出，福利国家必须基于以下三个原则才能实现：一是普享原则，即大家都可以享受到该制度的福利；二是统一原则，即社保的费用标准和保障金额具有一致性；三是均一原则，即农户获得社保是考虑他们的需要而非收入(威廉姆·贝弗里奇，2004)。福利经济学派认为国家应该为公民提供各种福利，高额征税、高额补贴、高级福利是该学派倡导的社会福利模式，该模式的重要组成部分就是完善的养老保障体系。

（二）凯恩斯主义理论

20 世纪 30 年代经济危机爆发后，人们更深层次地认识到国家干预的重要意义。凯恩斯主义放弃之前的自由主义主张，认同国家干预市场经济的合理性，认为政府干预有利于逐步化解经济危机。国家可以通过增大财政支出、解决就业问题、扩大公共福利普及范围、增加社会服务，从而提高社会的稳定性。

（三）公共产品理论

公共产品也叫公共物品或公共品。奥地利和意大利国家的学者对公共产品有较早的研究，他们运用边际效用理论形成了公共产品理论。在《公共支出的纯理论》中，保罗·萨缪尔森等(1992)指出公共产品是他人对该产品的消费不会对民众是否消费该产品有影响的产品或服务。

公共产品分为纯公共产品与准公共产品。纯公共产品是指不能分割的、与其他产品不会有竞争以及不会影响其他产品市场的产品或者劳务；准公共产品既有纯公共产品的一些特点，也具有私人产品的一些特征。养老保障制度仅仅通过市场是无法保障实施的，需要政府参与建设，才能保护每一个人的利益，保证社会养老保障体系的全方位发展，使社会更加和谐。

三、社会学理论基础

社会学理论是研究社会产生、发展以及有效运行的理论。社会学理论认为社会的正常运行离不开政府责任的履行，政府是平衡社会发展效率与公平的杠杆，是社会矛盾的协调者。政府落实责任，推动西部地区农村社会保障体系的建立，符合社会学的理论要求。

“人人平等”是马克思主义的主要内容之一。在《反杜林论》中恩格斯认为所有的人在某种程度上都有共同的部分，在这些共同部分中所有人都是平等的，即“所有的社会成员或公众，在政治地位和社会地位上都不应该有差别。”“这种平等除了在国家领域中有所体现，还应该是务实的：如在经济领域和社会领域中体现出来”(中共中央马克思恩格斯列宁斯大林著作编译局，1995)。

马克思主义社会保障理论认为政府出面干预社会生活是保证公众在政治、经济、文化各个层面上平等的必要条件，特别是政府是否充分发挥主导作用关系到社会保障制度建设的成败。该理论强调社会养老体系应该体现公平性原则，政府必须在建设养老保障体系方面有所建树。

第四节　西部地区农村养老保障体系建设中政府责任的内容

一、西部地区农村养老保障体系建设中政府责任的内涵

我国西部地区长期以来经济发展比较落后，西部各地农村的养老保障水平仍然有限，因此急需政府制定相关政策来改善西部地区的养老保障体系。在西部地区农村养老保障体系建设中，政府要根据西部地区的特征，从制度设计价值取向、财政资金安排以及突出社会效果等方面，承担政治、经济和社会责任，最终解决西部地区养老问题。

二、西部地区农村养老保障体系建设中政府责任的外延

政府责任向外延伸包括政治上、经济上和社会上的责任。

（一）政治责任

在政治责任层面，中央政府应针对不同历史时期的政治、经济和社会文化特点，明确适合中国国情的执政思想；西部地区地方政府则应强化落实各时期中央政府提出的执政理念和相关措施等。

“新农保”政策的实施是政府承担政治责任的重要表现，政府需要规范管理，积极引导农民参保，使政策落到实处。例如，我国中央政府制定了“新农保”制度“全覆盖、保基本、多层次、可持续”的发展目标，为了配合中央政府，各地方政府也颁布了一些条例。云南省政府为了保证失地农民的养老保障资金安全、保值增值和正常发放，颁布了《云南省改革完善被征地农民基本养老保障政策试点工作方案》，规定在2016年首先把每个州市的1个县（市、区）当作试验点，在2017年增加试验点，最终在2020年使所有被征地农民都享受到基本养老保险制度①的益处。2014年新疆维吾尔自治区开展了城乡养老保险制度建设，并在下一年将新农保与城镇居民养老保险合并，缓解城乡经济发展不平衡的问题，缩小城乡居民养老权益的差异，逐步实现西部地区的和谐发展。

（二）经济责任

在经济责任层面，中央政府需要在我国农村养老保障体系建设的制度设计、

① 资料来源：2016年《云南省改革完善被征地农民基本养老保障政策试点工作方案》。

资金支出、监督管理等方面履行职责；西部地区地方政府要在本地农村养老保障体系建设过程中，根据本地经济社会发展特点，设计具体的制度模式、财政出资额度和制度监管办法等。

政府的制度设计责任体现在很多政策上，例如我国之前的养老保障模式主要偏重于强制储蓄型，国家并不直接对参保农户进行资助，仅仅是提供适当的优惠政策。如今我国养老保障模式逐渐介于社会保险型与福利国家型两种模式之间，既注重效率又兼顾公平。2009 年中央政府出台的《国务院关于开展新型农村社会养老保险试点的指导意见》（以下简称《指导意见》）建立了“新农保”制度，将个人、集体、政府三者相结合，将社会统筹和个人账户相结合，并辅之以家庭养老、社区养老、土地保障等。从这一年开始全国“新农保”的试验点涵盖了十分之一的县(市、区、旗)，政府的目标是在 2020 年以前使农村适龄居民都可以享受到“新农保”带来的益处①。

2014 年政府出台的《国务院关于建立统一的城乡居民基本养老保险制度的意见》（以下简称《意见》）主要目的是提高“新农保”制度的公平程度、增大适应流动性以及保证它的可持续作用。《意见》要求将社会统筹账户和个人账户相结合，政府、集体与个人三方都应承担一定的出资责任，确保资金来源渠道通畅；社会统筹账户提供基础养老金，个人账户提供补充，二者共同保障参保人员得到应有权益，对于缴费较多以及交费时间长的人员给予更多的鼓励。基础养老金应和国家的物价水平以及经济水平相联系，制度运行应引入互联网机制，不断提高服务和管理水平。为了减轻城乡居民缴费压力，可适当下调养老保险缴费率，从而鼓励更多的人缴费参保。如国务院规定，广西、重庆、四川等地，如果到 2015 年底之前积累的剩余可用基金可以满足 9 个月或更多的缴费数额，可在适当的时候将缴费比例降低到 19%。另外，国家允许这些地区下调费率，如从原来的 20% 下调到 19%②。

应该指出，各级政府给予的资金支撑，是西部地区养老保障政策得以实施的重要保障。如 2009 年的《指导意见》明确要为满足条件的参保人员承担起所有的“新农保”基础养老金，并刺激地方政府对缴费档次高的参保人员予以更高的补贴，提升缴费历史较长的参保人员的基础养老金标准；2011 年“新农保”参保农民获得的补助是 588 亿元，相对于去年高了 193.3%，这些补助都来源于财政(殷宝明，2013)。因此，各级政府的财政支持，对“新农保”发展起到重要作用。

(三)社会责任

在社会责任层面，中央政府既要创新养老文化，为我国农村养老保障体系发

① 资料来源：2009 年《国务院关于开展新型农村社会养老保险试点的指导意见》。

② 人社部回应热点 21 省份可降低企业养老保险费率[EB/OL].（2016-04-23）[2018-09-05]. http://news.cnwest.com/content/2016-04/23/content_13777388.htm.

展提供有利环境，又要有效促进其同我国传统文化协调、可持续发展；而西部地区地方政府的社会责任主要是选择农村养老保障体系的模式、颁布配套的稳健政策以及宣传等。

西部地区历史悠久，对于传统文化道德极其重视，崇尚孝道。另外，西部地区少数民族众多，各少数民族有各自的敬老文化。现今西部地区的现状如农民收入始终不高，失地农民的就业率不高，赋闲人员较多，家庭负担较重，许多农户去城镇打工等，导致子女没有足够的精力和财力来孝敬父母，忽视对老人的关心，进而出现“空巢老人”。因此，养老保障并不仅限于给老人提供物质资源，还要考虑他们的精神需求，政府应该考虑到西部地区的特点，找到最适合的政策措施。

三、对一些相关概念的延伸探讨

（一）农村养老保障

社会保障制度是以法律为基础，政府或某个群体对于暂时没有劳动能力或者永久失去劳动能力的社会群体，予以财力支持的社会制度。农村养老保障体系是社会保障制度中不可缺少的部分，是指政府或某个群体对农村地区老年人晚年生活提供物质上的基本保障。按照国际惯例，确定老年人有两个依据，一是发展中国家认为老年人是年龄高于 60 岁的人，二是发达国家认为老年人是年龄高于 65 岁的人。2009 年 9 月国务院通过《指导意见》提出我国公民 60 岁后可以享受普惠式养老金，为老年人提供的生活保障有三个方面：除了基本的经济补贴、生活帮助以外，还包括对老年人的精神上的照顾；提供补助资源的三个主体是政府、社会和家庭。社会、家庭、社区和自我养老，共同构成了全方位的农村养老保障系统。

（二）政府职能

政府职能是一个实然性概念，体现出政府责任的现实意义，指政府在不同时期的实质性的政策措施下，应承担的职责和所具有的功能。中央颁布的《政府收支分类改革方案》显示，政府责任与政府职能有内在联系，政府责任通常可以由相关的政府职能表现出来，而同一种政府职能甚至可以表现出不同的政府责任。相对而言，政府责任更为抽象，而政府职能更为具体（李成威，2006）。

（三）政府主导

政府主导是指政府以官方特有的较高强制力和行政能力，对国家政治、经济、文化上的各种问题采取解决措施并起到重要作用，最终保证一国经济迅速发展。当政府干预市场远远超过市场失灵或者市场无法有效率地分配商品和劳务时，政府的主导作用就体现出来了。

(四)政府作用

政府作用是指政府作为一个社会组织对于政治、经济、文化等带来的影响。政府作用是政府主导和政府职能效果的一种说明。

(五)政府干预

政府干预是指当市场失灵时，政府积极颁布相关政策并实施，调整市场的行为，最终让市场运行处于一个有效率的状态。

(六)政府与其他责任主体的关系

政府主导并不是说在农村养老保障体系建设中起作用的仅仅是政府，政府、市场、个人等责任主体都充分参与到农村养老保障体系的运行中，才能确保它的正常运行和快速发展。确保政府与其他责任主体相互协作、功能互补、责任明确的关系，是构建、完善农村养老保障体系的重要前提和基本保障。

(七)政府责任体系的操作性指标

政府对解决西部地区农村养老问题以及建立养老保障体系，均具有主导责任，因此，明确政府责任还需细化操作性指标，即对考核指标提出可实施方案，让养老保障体系建设的成效可以被准确评估和评价。

西部地区农村养老保障体系建设中的政府责任体系操作性指标，具体而言是指：政治责任的操作性指标，包括政策法规的有效性、养老制度是否纳入政府考核体系、政策宣传效果、制度模式选择适用性等；经济责任的操作性指标，包括缴费标准合理性、基础养老金水平、中央政府财政补贴比例、地方政府财政补助压力、是否建立监督管理制度等；社会责任的操作性指标，包括新农保参保率、制度覆盖率、养老金保障水平、养老金及时发放情况、制度满意度、老年人家庭地位变化等。

第三章　我国西部地区农村养老保障体系发展现状

本章从西部地区农村老龄化现状及特点出发，充分运用调研数据，重点介绍西部农村地区的家庭养老、社会养老和商业补充养老现状，为西部地区农村养老保障体系建设中政府的政治责任、经济责任和社会责任分析做铺垫。

第一节　课题调研情况及数据汇总

一、课题调研情况

本书中第三、四、五、六和八章里所有微观数据，均来自2017年“西部地区农村养老保障体系中政府责任研究”课题组的暑期问卷调查。该调查于2017年7—8月对全国5个省份37个市的农村居民展开，包括东部地区较为富裕的江苏省、中部地区的安徽省和本课题研究的重点区域——西部地区的四川、甘肃、新疆三个具有代表性的省份，共收回调查问卷893份，合格问卷862份，合格率为96.53%，东部地区的被调查人口150人，占样本总数的17.4%，中部地区的被调查人口249人，占样本总数的28.9%，西部地区的被调查人463人，占样本总数的53.7%。

二、调研数据汇总

表3.1　2017年东、中、西部地区农村居民的个人、家庭特征及养老需求情况统计

个人特征	内容	人数/人	比例/%	家庭特征	内容	人数/人	比例/%	养老需求	内容	人数/人	比例/%
性别	男	412	48	家庭规模	2人	58	6.7	是否担心养老问题	一点也不担心	241	28
					3人	184	21.4		有点担心	285	33
	女	450	52		4人	307	35.6		无所谓	130	15
					5人	188	21.8		比较担心	95	11
					6人以上	125	14.5		非常担心	111	13

续表

个人特征	内容	人数/人	比例/%
年龄	18岁以下	3	0.3
	18—40岁	155	18.0
	41—65岁	568	65.9
	66岁以上	136	15.8
婚姻状况	未婚	64	7.4
	已婚	709	82.3
	离异	33	3.8
	丧偶	56	6.5
受教育状况	小学以下	140	16.3
	小学	250	29.0
	初中	263	30.5
	高中	108	12.5
	大专	51	5.9
	本科及以上	50	5.8
从事职业	务农农民	124	14
	村干部	32	3.7
	乡企职工	76	8.8
	经商农民	93	11
	被征地农民	47	5.5
	外出务工	224	26
收入来源	退休金	53	6.1
	社会养老金	124	14
	最低生活保障	54	6.3
	五保户收入	82	9.5

家庭特征	内容	人数/人	比例/%
家庭年收入	3000元以下	43	5.0
	3000—5000元	56	6.5
	5000—10000元	161	18.7
	1万—2万元	215	24.9
	2万—5万元	239	27.7
	5万以上	148	17.2
家庭主要支出	子女教育费	425	49
	修建住房	173	20
	医药费	198	23
	农业生产投资	168	20
	日常衣食消费	486	56
	人情往来	237	28
	养老保险	117	14
	文化娱乐	129	15
生活照料	老伴	435	51
	子女	357	41
	亲戚朋友	41	4.8
	由自己出钱雇人	34	3.9
	由子女出钱雇人	9	1
	其他	85	9.7
居住方式	独居	118	14
	与配偶居住	430	50
	与未婚子女共居	114	13
	在多个子女家轮流居住	13	1.5
	老人夫妇分别在不同子女家居住	12	1.4
	与已婚子女共居	121	14
	与孙辈居住	54	6.3
若没和子女居住的原因	已分家	45	5.2
	子女外出求学	201	23
	子女外出打工	202	23

养老需求	内容	人数/人	比例/%
有无养老打算	有	476	55
	没有	386	45
期望养老居住方式	独居	53	6.1
	与配偶一起	505	59
	与子女轮流居住	137	16
	在某个子女家长住	107	12
	住养老院	50	5.8
	其他	10	1.2
期望解决养老方式	完全由社会养老	148	17.2
	土地养老	65	7.5
	子女养老	121	14.0
	社会养老和家庭养老相结合	528	61.3
是否参加商业养老保险	有	85	9.9
	没有	777	90
地域特征	东部地区	150	17
	中部地区	249	29

续表

个人特征	内容	人数/人	比例/%	家庭特征	内容	人数/人	比例/%	养老需求	内容	人数/人	比例/%
	自己劳动所得	612	80		子女迁往异地	36	4.2				
	子女提供	92	11		子女死亡	6	0.7				
	集体补助	16	1.9						西部地区	463	54
	“计生三户”奖励或补偿	14	1.6		其他	192	22				

数据来源：本课题组调研搜集整理得到。

第二节　西部地区农村人口的老龄化现状及特点

一、老龄化现状

近年来，我国人口老龄化程度不断加深，西部地区农村居民的老龄化现象也日趋严重，老年人口的基数越来越大，高龄化更加突出，老年抚养比逐渐升高。据国家统计局相关数据显示，截至 2014 年底，全国总人口数量为 13.68 亿人，60 岁及以上人口数量为 2.12 亿人，占全国总人口比重为 15.6%；65 岁及以上人口数量为 1.38 亿人，占全国总人口比重为 10.1%[①]。西部各地人口总数达 3.81 亿人，约占全国总人口的 35%，而 65 岁及以上老人数量达到 3892 万人，约占全国 65 岁以上老人总数的 28%(图 3.1)，老龄化程度超过 10%(图 3.2)，远高于全国平均水平，高龄化特点凸显。与东部和中部地区相比，西部地区经济、社会发展也不断受到老龄化带来的冲击和压力。西部地区养老问题的特殊性日益显现。

二、老龄化特点

(一)高龄化趋势明显，老年赡养负担加重

西部地区农村人口老龄化程度不断加重，从 2011 年的 8.9%增加到 2014 年的 10.2%(图 3.2)，并且 65 岁以上高龄老年人口的增长速度不断加快，高龄化趋势越来越明显。随着高龄老年人的基数不断增大，西部地区居民承受的养老负担日益加重。

① 数据来源：《2015 年中国统计年鉴》。

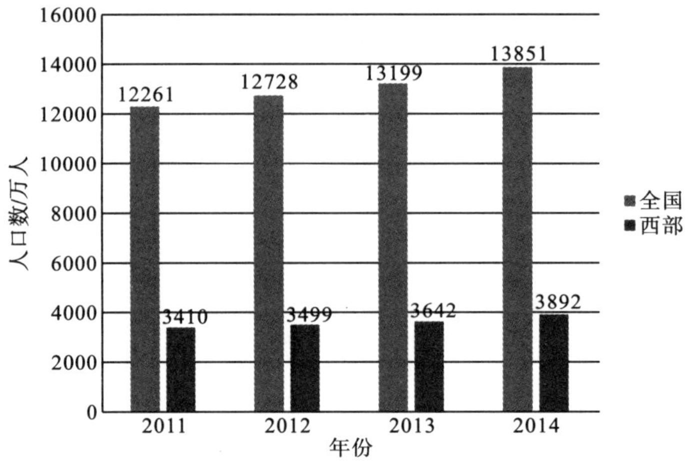

图 3.1　2011—2014 年全国和西部地区 65 岁及以上老年人口数①

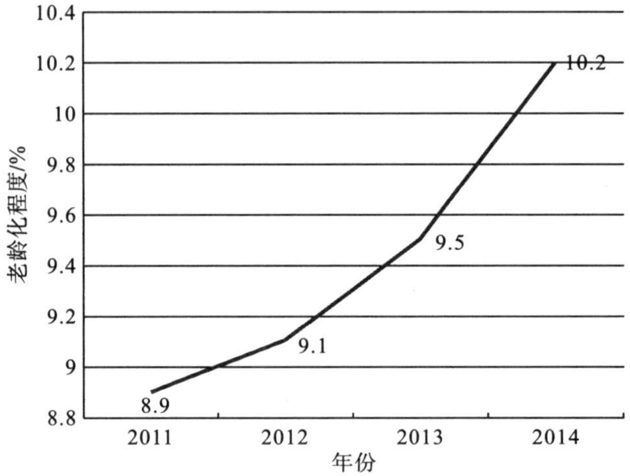

图 3.2　2011—2014 年西部地区人口老龄化程度①

由图 3.3 所示虽然 2014 年我国西部各地老年抚养比略低于全国水平，但与上一年相比增长了 0.7 个百分点，历年抚养比增加程度在不断上浮并呈现加速上涨趋势。需要特别注意的是，在老年抚养比的分布比例中，城市老年抚养比约为 12.4%，农村高达 34.8%，比城市高了 20 多个百分点，可见农村老年赡养负担要比城市重很多，这一特点在西部地区尤为明显。2013 年西部地区农村老龄化指数已突破 100%，农村重度老龄化时期很可能会在未来的一二十年内到来，届时农村高龄老年人占比将上升 33%，比城市早了 20 年。

① 数据来源：《中国统计年鉴 2015》。

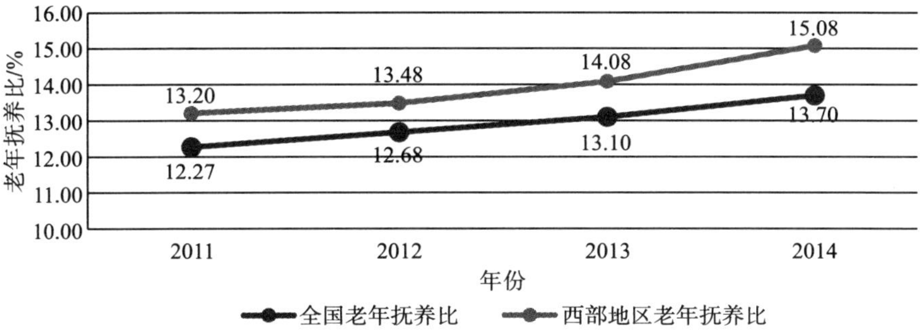

图 3.3 2011—2014 年全国老年抚养比和西部地区老年抚养比[①]

(二)城乡差距悬殊，老龄化倒置

所谓城乡人口老龄化倒置，是指农村经济相对城市远为滞后，城市人口老龄化水平却远低于农村。经济发展水平低的农村表现出更高的老龄化特征。

城乡老龄化倒置现象在西部地区也不例外。尽管西部城市的经济发展水平远超农村，但农村老龄化现象比城市更为严峻。如表 3.2 所示，我国西部地区的人口老龄化趋势已经非常明显，城镇 65 岁及以上人口占总人口的比重为 8.9%，而农村这一指标达到了 11.4%，农村高于城镇。因此，西部地区已经表现出城乡老龄化倒置，这与西部地区城乡之间差距较大且老龄化程度严重密切相关。

表 3.2 2014 年西部地区城乡人口老龄化状况[②]

地区	人口/万人		比重/%
	总人数	65 岁及以上	65 岁及以上
西部地区	38133	3892	10.21
西部城镇	17541	1561	8.9
西部农村	20592	2347	11.4

(三)老年人口健康情况不理想，养老方式保障性低

2010 年人口普查最新数据显示，西部农村地区身体健康状况良好，年满 60 岁及以上老年人占西部总人口比重为 40.42%，而城镇这一比例为 50.49%；年满 65 岁及以上身体健康的农村老年人约占西部地区总人口比重为 31.7%，其中近 1.78%的老年人生活无法自理； 80 岁及以上的农村老年人中有将近 11%生活完全无法自理。因此，要大力有效地开展西部农村养老保障体系建设并提供高质量的养老服务，必须提高老年人的健康水平。

① 数据来源：《中国统计年鉴 2015》。
② 数据来源：根据《中国统计年鉴 2015》相关数据计算整理得到。

西部地区农村老年人口的生活来源主要包括子女赡养、个人劳动收入、养老金以及低保金等(其中，60 岁、65 岁、80 岁及以上老年人口中依靠劳动收入养老方式占比分别为 41.2%、28.5%、4.8%，依靠养老金作为主要养老方式的比重分别为 4.6%、4.8%、6.9%，依靠最低生活保障养老的占比分别为 2.3%、3.3%、4.1%[①])。本研究在西部农村地区的调查结果也进一步显示(表 3.3)，西部农村地区人们的生活来源主要包括社会养老金、最低生活保障、五保户收入和自己劳动所得等，其中，自己劳动所得是个人收入的最主要来源，占比达到了 64.8%。因此，老年人主要依靠个人劳动收入实现自我养老保障，这充分说明我国西部地区农村养老保障体系建设任重道远。

表 3.3 2017 年西部地区农民个人主要收入来源调查统计

收入来源	人数/人	比重/%
退休金	17	3.7
社会养老金	83	17.9
最低生活保障	31	6.7
五保户收入	25	5.4
自己劳动所得	300	64.8
子女提供	31	6.7
集体补助	9	1.9
“计生三户”奖励或补偿	2	0.4
征地补偿费	26	5.6
商业养老金	2	0.4
其他	8	3.9

数据来源：本课题组调研搜集整理得到。

(四)“三化”现象并存

“三化”是指农村人口老龄化中出现的“高龄化”“少子化”“空巢化”现象叠加并存。“高龄化”不是西部农村地区人口的唯一特征，许多农村家庭还存在“少子化”和“空巢化”特点。

“高龄化”与“少子化”并不一定同时存在，但中国人口却同时存在这两种特点——“少子型高龄化”，即伴随着老年人口比例的增多，出生比例却在下降，二者的共同作用加快了“高龄化”的发展趋势。新生婴儿出生率大幅度降低，很多青壮年劳动力去发达城市和地区打工，同时农村老年人数量急剧增加，因此西部各地农村人口年龄结构失去平衡，偏向于老龄化。

① 数据来源：本课题组调研搜集整理得到。

“空巢化”现象在西部农村地区屡见不鲜。在对不同地区未和子女居住的农村老年人的调研中发现(表 3.4)，西部地区未和子女居住的老年人人数占地区样本数比重最高，达到 80.8%，超过中部和东部地区，这主要是由于西部农村地区老年人口不断增加，子女又因为外出务工逐渐迁出农村，“空巢化”老年人由此产生。在西部地区的农民工调查中，有超过一半的农民工离开本县达到半年以上，老年人独守空房与儿女分居生活的情况很明显，“空巢”比例越来越高。

表 3.4　2017 年西、中、东部地区农村老年人未和子女居住情况调查统计

地域	未和子女居住人数/人	占地区样本数比/%
西部地区	374	80.8
中部地区	200	80.3
东部地区	105	70

数据来源：本课题组调研搜集整理得到。

第三节　西部地区农村的传统家庭养老现状

一、传统家庭养老现状

我国现行的农村养老方式包括家庭养老和社会化养老两大类，家庭养老仍然是主要的养老方式，社会化养老尚不具有广泛性和普遍性。

农村家庭养老是指农村居民在进入老龄化阶段后，身体变得虚弱而失去劳动能力，要依靠家庭成员来为其提供养老支撑，这主要体现在经济援助、生活照顾和心理沟通三个方面。该方式强调血缘关系的情感纽带，以家庭收入作为经济支持，实行家庭成员之间的反哺式供养模式，是农村家庭养老的核心本质。农村家庭养老保障能力不仅受文化、道德、社会等因素的影响，还主要取决于子女的数量、性别以及经济收入水平。

然而，随着城镇化的快速推进，传统的家庭养老方式已经不适应西部农村老龄化不断严重的趋势，家庭养老保障模式需要不断优化和调整完善。

二、传统家庭养老特点

(一) 家庭结构小型化

改革开放以来，我国农村家庭的人口结构受到计划生育政策的影响，以前的“几代同堂”现象逐渐减少，“核心家庭”发展为农村多数家庭的主要形式。如表 3.5 所示，从 1983 年到 2010 年，西部地区家庭的人口数在不断减少，传统的

“大家庭”正逐渐消亡，取而代之的是现代主流“核心家庭”模式。伴随着农村家庭人口数量的不断减少，青壮年劳动力也下降，进而加重了普通农村家庭的养老负担。在目前的西部农村地区，普遍的现象就是一对青年夫妇在抚养几个孩子的同时往往还要赡养四位以上老人，多数农村家庭正在苦苦挣扎，这也是我国西部地区急需解决的农村养老困境。

表 3.5 西部地区户均人口数①

	时间/年	户均人口数/人
第三次全国人口普查	1983	5.54
第四次全国人口普查	1990	4.96
第五次全国人口普查	2000	4.13
第六次全国人口普查	2010	3.3

(二)农村老年人生活主要依靠子女供养

西部地区的老年人 70%生活在农村，生活质量低、收入不高，加上农村社保水平低，往往依靠子女养老。通过对西部、中部和东部三个地区农村老年人的生活照料情况进行调研发现(表 3.6)，西部地区老年人由子女照料的占地区样本数比为 52.7%，远高于中部、东部地区。

表 3.6 2017 年西、中、东部地区农村老年人的生活照料情况调查统计

地域	子女照料/人	占地区样本数比/%
西部地区	244	52.7
中部地区	75	30.1
东部地区	38	25.3

数据来源：本课题组调研搜集整理得到。

与城镇老年人相比，农村老年人对自身劳动收入和子女供养的依赖程度更大，如图 3.4 和图 3.5 所示，农村老年人的生活来源主要由劳动收入、离退休金、生活保障金、财产性收入及家庭供养等构成，家庭子女供养在这几种方式中占的比重最高，约为 48.09%。从男女性别来看，农村女性对家庭成员供养的依赖性更加强烈些，与男性的 35.13%相比，女性高出近 25 个百分点，达到 59.93%。

① 数据来源：《中国人口和就业统计年鉴 2011》。

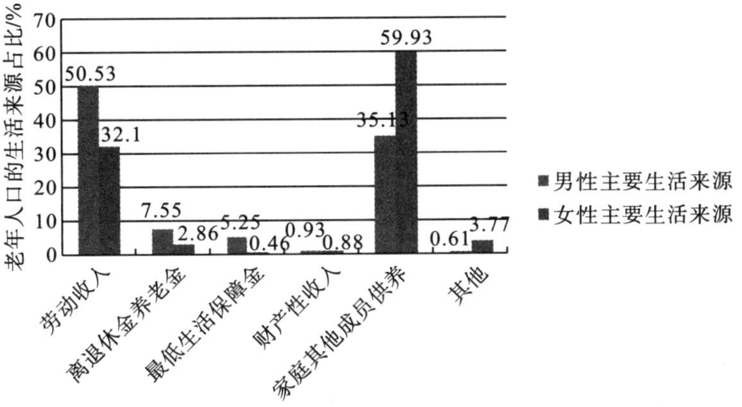

图 3.4　农村 60 岁及以上老年人口的主要生活来源

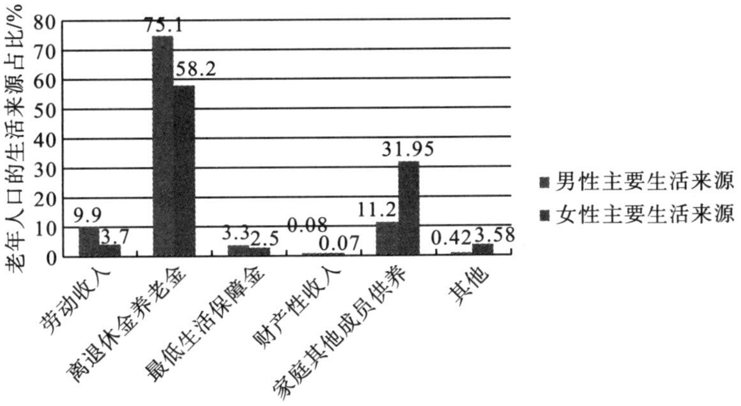

图 3.5　城镇 60 岁及以上老年人口的主要生活来源[①]

相反，城镇老年人对家庭成员供养的依赖性发生了根本性变化，退休养老金接替了家庭供养，为城市老年人养老水平的提高提供了重要保障。不过与农村相同的是，家庭成员供养在很大程度上仍然是城市女性老人的重要养老方式。如上所示，不论是城市还是农村，家庭成员供养都是老年人的基本养老保障，对于农村老年人而言，家庭养老的重要性更为突出。

(三)农村传统家庭养老压力不断增大

当前，老年人数量众多，高龄趋势加快，已经成为西部地区农村人口演变的重要特征。另外，无论是经济发展还是精神生活，与城市相比农村均具有明显劣势，特别是农村地区居民可支配收入大大落后于城镇，农村养老保障问题更为严

① 数据来源：第六次全国人口普查数据。

峻，家庭养老日渐微弱。通过表 3.7 可以明显看出，西部地区 2013—2015 年的人均可支配收入都要明显落后于东部和中部地区，虽然增速逐年增加，但受前期发展水平限制，基数小、总水平低。因此，西部地区在养老问题上面临着特殊而又严峻的现状。

表 3.7　2013—2015 年农村居民按东、中、西部地区划分的人均可支配收入　（单位：元）

地区	2013 年	2014 年	2015 年
东部地区	11865.8	13144.6	14297.4
中部地区	8983.2	10011.1	10919.0
西部地区	7436.6	8295.0	10490.1

数据来源：中国国家统计局网站《中国统计年鉴》(2016)。

随着城镇化进程不断加快，农村地区大量青壮年劳动人口不断转向城市，形成城乡之间青年人口的单向迁移，而老年人口只能留在农村，进一步加剧了西部农村地区的养老负担。长期隔离、两地分居的生活模式，已经成为西部农村老年人与成年子女的常态化现象，这也是西部地区养老保障体系建设面临的特殊现状。

第四节　西部地区农村的社会基本养老现状

一、社会基本养老现状

社会基本养老以国家基本养老为主，是指随着家庭养老作用的弱化，对老年人的赡养方式不断向社会形式转化，由国家对达到退休年龄或丧失劳动能力的劳动者提供基本生活援助的社会保障制度。

根本上来说，社会基本养老不同于个人及家庭养老，主要是没有将养老的责任归结到普通家庭当中，而是分摊于全体社会，通过缴费参保机制进行收入再分配，从而实现社会养老保障的公平化。社会养老保障在农村主要表现为以五保户形式的农村老年人社会救济和农村社会养老保险。

2009 年中央政府开设试点的“新农保”，将新型养老保障模式与城镇职工社会基本养老保障模式一起作为我国城乡社会养老保障体系的重要组成部分。“新农保”具有基金来源广、缴费标准灵活、参保对象待遇高等特点，解决了部分“老农保”的问题，使养老保障制度有了新突破。但是，西部农村地区人口老龄化加深、高龄化速度加快，加之经济发展差异大，使得新型农村养老保险在覆盖上还存在一些问题。

二、社会基本养老特点

(一)对社会养老保障的认识不足

一方面，在地理环境较为偏远的西部农村地区，基础设施和农业生产方式均较为落后，整个社会发展长期处于较为封闭的状况。通过对西部、中部和东部地区农村居民受教育情况调研发现(表 3.8)，西部地区仅受过小学及以下教育的人口占地区样本数比例为 17.5%，高于中部和东部地区。农村民众受教育水平普遍偏低，思想观念比较落后，农村的基本生产生活消费、养老等主要以家庭为单位。由于政府大力宣传等，越来越多的西部农村居民也开始认识和了解社会养老保障，但是，“养儿防老”传统观念根深蒂固，很多农民短期内很难接受并参与这项制度。另一方面，传统家庭以血缘和亲情为纽带，承担着生产和生活的社会功能，亲情关系既是家庭养老的文化来源，也是农村居民的心理保障。因此，西部地区农民难以在短期内树立缴费参与社会基本养老保险的意识。

表 3.8　2017 年东、西、中部地区农村居民受教育情况调查统计

地区	小学及以下/人	占地区样本数比/%
西部地区	81	17.5
中部地区	43	17.3
东部地区	16	10.7

数据来源：本课题组调研搜集整理得到。

(二)农民参保意愿低

西部农村地区经济发展比较落后，地方政府的财政资金也很有限，对于农村社会养老保险，只有少数地区的少数老年人购买，农民参保意愿很低。

尽管在参保机制上采用半强制性措施，但仍然达不到预期效果甚至相差甚远。首先，西部各地区政府在宣传推广上欠缺力度，宣传方式单一，效果甚微；其次，当前老年人口参与“新农保”的积极性较高，而青壮年缺乏参保意愿。大多数“新农保”的参保人集中在 45 岁及以上，参保率高达 84%，原因主要在于该年龄群体的农民缴费时间较短，经济压力小。但 45 岁以下这一相对年轻的年龄段人口，其参保率却只是 34.36%(表 3.9)，这主要因为正值青壮年与事业发展时期的农民，去城市发展，流动性较强，缴费时间长但收效慢的社会养老保险制度缺乏吸引力。总之，由于缺乏有效的利益激励机制和广泛宣传，农民参保意愿过低，西部地区社会保障体系缺乏保险主体的积极参与，已成为当前西部地区社会基本养老现状的重要特点。

表 3.9 2012—2014 年西部地区农村社保参保率[①]

年份	45 岁以下/%	45 岁及以上/%	总参保率/%
2012	25.68	77.15	64.32
2013	28.49	79.32	70.94
2014	34.36	84.06	79.81

（三）集体经济支持力度不够，集中供养服务不到位

“新农保”的资金来源主要有三个部分，分别是农民缴费、集体补助与政府财政补贴。由于西部农村地区经济发展一直处在相对很低的水平，集体补助基本处于缺位状态。目前，除了发达地区和某些地区的城乡接合部外，大多数农村集体经济缺乏足够资金，难以为农民参与“新农保”提供集体补助。对于西部落后的农村地区而言，集体补助更是微乎其微。

集中供养是指有条件的地区集中供养五保对象的吃、穿、住、医、葬等方面。但是由于保障能力不足，敬老院床位短缺，只有不足 20%的老年人被纳入集中供养范畴，很难满足老年人对社会集中供养的需要。另外，很多农村敬老院年久失修，居住环境恶劣，服务管理人员一般都是大龄失业人员，文化素质普遍不高，对低工资待遇心存抱怨，很难保证服务质量，也难以满足集体供养服务需求。

第五节 西部地区农村的商业养老保险现状

一、商业养老保险现状

我国养老保障体系主要包括三个组成部分，前两个部分是社会基本养老保险与企业年金制度，第三部分为商业补充养老保险。不过，商业养老保险的普及与推广度，远远不如前两个，其整体规模效用与养老保障的补充作用较为有限。据 2014 年中国保监会公布的数据，全国城乡居民人均购买的商业养老保单只有 0.6 张，西部地区这一数据更是低至 0.2 张。

对于西部地区而言，保险市场规模有待提高，这种状况可以从西部地区的保险深度和保险密度的相关指标中得到印证。除此之外，我国各部门动员城乡居民参与商业养老保险的宣传力度还有待提高，相对成熟的保险市场应该为人们考虑的是买多少份人身保险，而不是买不买的问题，这种思想观念的差距不仅是由农村传统文化造成的，也与西部地区经济发展、人民收入水平有很大关

① 数据来源：2012—2014 年人力资源与社会保障部年度公报。

系。从表 3.10 可以看出，西部地区的商业险保费收入水平要远落后于东部和中部地区，西部人口约占全国人口的 25%，保费收入却只占到全国保费收入的 17% 左右。因此，如何发展商业保险，特别是商业补充养老保险，已成为西部养老问题的又一重要任务。

表 3.10　各地区商业险保费收入占全国保费收入比例

年份	东部占比/%	东北部占比/%	中部占比/%	西部占比/%
2005	58.75	8.93	16.36	15.95
2010	51.93	8.20	21.88	17.99
2015	46.67	7.95	25.33	20.05

数据来源：保监会官方网站 www.cire.gov.cn。

二、商业养老保险特点

(一) 商业养老保险在农村覆盖率低

西部农村交通设施落后，农户居住较为分散，增大了保险公司开展保险业务的难度，业务成本费用和扩展费用很高，保险公司更愿意选择到城市开展保险业务。相对城镇居民来说，农民家庭通常没有足够的经济能力参加保险和缴纳相应的保费，所以保险公司在农村宣传拓展商业保险业务也不容易。同时，现行农村商业养老保险市场产品雷同，同质化现象严重，缺乏针对性和创新性，不能满足农村各类群体的养老需要。这使得西部地区农村商业补充养老保险覆盖率大幅度低于东部地区(表 3.11)。因此，必须改革创新，才能真正在西部农村地区发挥商业养老保险的保障作用。

表 3.11　2014 年我国东西部主要省份商业补充养老保险农村覆盖率①

东部地区	覆盖率/%	西部地区	覆盖率/%
北京	61.54	内蒙古	8.22
上海	20.69	宁夏	7.9
江苏	36.68	甘肃	6.94
山东	25.25	云南	5.18
浙江	20.19	新疆	1.31
辽宁	12.3	四川	6.26
福建	8.23	广西	5.94

① 数据来源：《中国保险统计年鉴 2015》。

（二）农民对商业养老保险的认识与需求不足

我国保险市场竞争秩序混乱，代理人员素质普遍不高，推销保单时误导农民以及拒绝理赔的情形时有发生，种种不良现象使得保险公司信誉受到很大损害，也使农民对保险公司业务失去信心，参保意愿自然很低，商业补充养老保险在农村很难顺利实施与发展。虽然我国近年来教育水平有了较大提升，但农民缺乏基本的法律和保险知识储备，辨别和自我保护能力严重不足，所以商业补充养老保险在西部地区的市场需求不大，在农村地区更加微小。课题调研数据也显示商业补充养老保险在西部农村需求甚微，商业保险参保人数仅占地区样本数的 8.6%，低于东中部地区（表 3.12）。

表 3.12　2017 年东、中、西部地区农村商业保险参保情况调查统计

地区	参加商业保险人数/人	占地区样本数比/%
东部地区	20	13.3
中部地区	25	10.0
西部地区	40	8.6

数据来源：本课题组调研搜集整理得到。

（三）产品不够丰富，购买有门槛

从本质上而言，商业保险公司提供养老保险产品主要是为了实现盈利，与社会基本养老保险覆盖广泛、提供基本保障不同的是，它具有一定的条件和门槛，如设置一定的年龄、身体健康状况、购买起点额等限制。通常而言，商业养老保险只对经济状况良好的人群具有吸引力，消费人群并不广泛。

虽然近几年我国商业养老保险市场在不断发展扩大，但仍然有许多问题需要解决。第一，保险产品设计单一，保障程度与所缴纳保费不是很匹配，产品创新程度欠缺，保单同质性现象普遍。这主要是因为一种保险产品从开发设计到销售运营，要耗费很大的成本，同时需承担与之相对应的巨大风险，保险监管机构对产品开发创新不够重视，忽视保险产品的质量，导致保险公司间相互模仿，同质性产品泛滥。第二，基于短期收益考虑，大多数保险公司偏爱分红型产品，过于看重投资收益而对具有传统保障功能的保险产品缺乏关注，正是这种来自保险产品供给方面不合理的产品结构，限制了商业养老保险的发展速度。各级保险监管部门应加大监管力度，既要引导保险机构进行产品创新，还要督促它们重视保障功能。

(四)销售误导、理赔难现象严重

我国保险行业发展过程中，销售误导与理赔难的现象屡见不鲜。这主要是由于各大保险公司弃保单产品质量和客户真实需求与利益于不顾，盲目要求提高保费规模，过分看重短期利益，导致保险行业形象受损，退保率和投诉率长期居高不下，已成为现代保险行业发展的一大隐患。

此外，许多保险营销员并没有接受必要的专业技能培训，在销售保单时常常为了增加投保率，夸大保险功能，擅自虚报保险报酬率，误导投保人购买。同时还存在商业贿赂、内幕交易、强制性消费等现象，严重干扰了保险市场正常秩序。农村网点建设更是混乱，使得商业养老保险在农村推广的难度大大增加。

第六节　西部地区农村的养老保障服务现状

目前我国西部农村地区的养老保障服务体系主要包括居家养老服务和机构养老服务。从调研的情况来看，并不是所有老年人都自愿选择进入农村养老保障服务体系，有 60%的老年人选择依靠儿女来供养自己，超过 20%的老年人依靠自己或配偶来养老，实际也就不到 20%的老年人才会选择社区或机构养老。这主要是由于农村老年人缺乏对农村养老保障服务体系的深入了解，同时也说明我国农村养老保障服务体系的宣传力度需要提高。

一、养老保障服务体系

(一)农村居家养老服务

农村居家养老服务是指农村老年人口并不离家居住，通过养老社区获取如生活照顾、医疗护理和心理沟通等方面的服务。农村居家养老服务尽管与家庭养老有本质区别，但符合中国老年人的传统居家情结，是为满足家庭养老需求而不断发展形成的服务体系，是我国养老保障服务体系的重要内容之一。

农村居家养老模式仍注重家庭日常生活质量，让老年人不仅可以在社区中心获取服务，而且提供上门服务。这种方式充分发挥了家庭养老和社会养老的优势，强调二者的有机协作，从而提供更加优质的服务。在我国西部农村地区，居家养老与机构养老相比更能为农村老年人接受，因为大多数老年人认为，居家养老不仅能获得社会养老服务，还能在一定程度上与家庭成员保持联系，从而获取经济供养、生活照顾和心理交流。家庭服务与心理沟通在社会生活水平不断提高的进程中，对农村老年人的重要性也逐渐增大，不过从目前看，生活照料和医疗护理是农村老年人最希望获得的养老服务。

(二)农村机构养老服务

农村机构养老服务是指农村老年居民申请到专业化养老机构接受各种优质养老服务的模式，进而实现在生活护理、吃住等方面的专业服务。当前的养老机构一般分为政府投资养老机构和民营投资养老机构，二者各有利弊。政府投资的养老机构由于要承担繁重的社会服务需耗费大量的财政资金，而实际服务效果并不理想，只有最基本的简单服务；而民营养老机构以追逐利润为主要目的，目标一般定位在高端消费群体，进入门槛高且服务费用昂贵，只有那些具有一定经济实力的老年人才能享受，普通老年人由于收入有限被拒之门外。通过调研发现，西部农村地区家庭年收入在 2 万元以下占地区样本数比为 72.8%，远高于中部和东部地区，而家庭年收入在 2 万元以上占地区样本数比仅为 27.2%。由此可见，现代农村养老服务体系的建设发展应该将市场主体和社会力量结合起来，以达到最大化的服务效果。不过就实际情况而言，很多农村老年人不愿意选择到政府养老机构养老，机构养老服务推行难度大。

表 3.13　2017 年各地区农村家庭年收入情况调查统计

地区	2 万元以下/人	占地区样本数比/%	2 万元以上/人	占地区样本数比/%
西部地区	337	72.8	126	27.2
中部地区	107	42.9	142	57.1
东部地区	61	40.7	89	59.3

数据来源：本课题组调研搜集整理得到。

二、养老保障服务特点

(一)服务内容单一、设施设备不全

据有关部门报告，2014 年全国共有约 38000 个综合性社会服务机构，其中，提供养老服务的机构大概 34000 个，这些养老服务机构位于农村地区的约为 32995 个(图 3.6)，比 2013 年增加了 2748 个。我国养老服务机构现有床位数量已经突破了 500 万张，达到了 586.5 万张，农村地区养老服务机构的床位有 551.4 万张(图 3.7)，与 2013 年相比增加了大约 76.8 万张，由此可见，我国养老服务机构基本上都是集中在农村的。欧美发达国家平均每一千名老年人大概拥有 60 张床位[①]，而我国这一数据仅为 27 张，而且我国养老服务无论是在项目内容上还是配套设施功能或利用率上都很欠缺，老年人的基本养老服务需求尚不能很好满足。

① 数据来源：《2014 年社会发展统计公报》。

从现实来看，多数养老服务仍处于理论研究层面，真正做到位的却比较少。另外，农村养老服务的基础配套设施功能不完善、规模小、质量差，许多重要的硬件设施还处于缺位状态，这些都使得养老服务质量低。

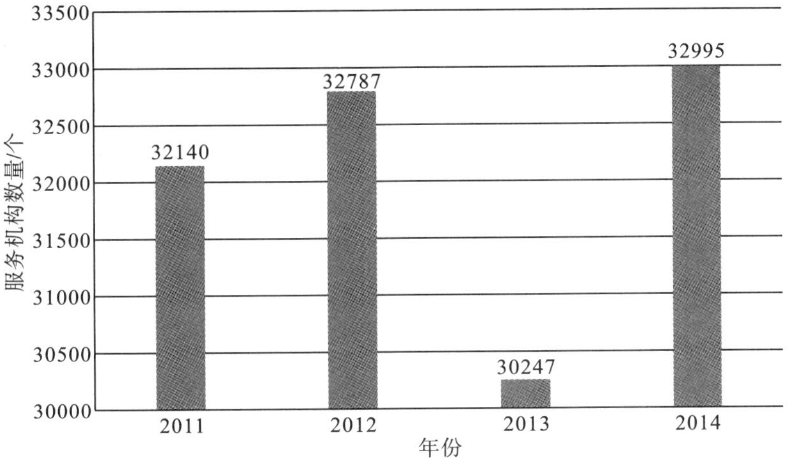

图 3.6 2011—2014 年农村养老服务机构数量

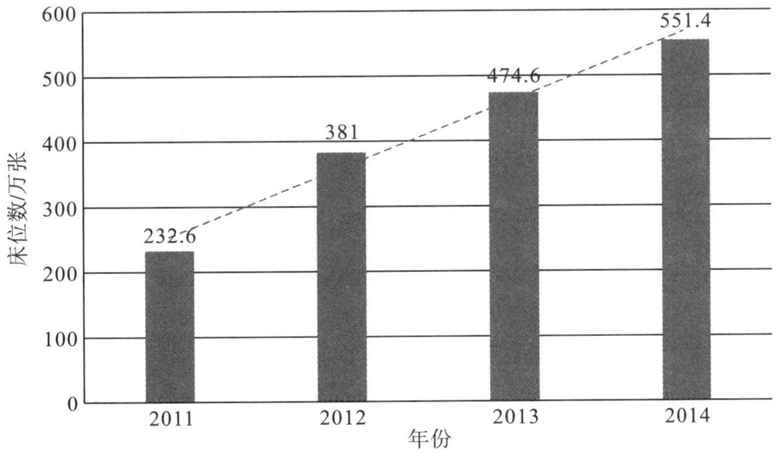

图 3.7 2011—2014 年农村养老床位数①

(二)服务供给资金匮乏

西部地区农村养老服务的各个过程、每一个环节都要有一定的资金作为后备支撑。目前在实际工作中，养老服务专项资金很欠缺。

① 数据来源：《2011—2014 年老年人口和老龄事业统计公报》。

一般而言，集体经济应该为农村养老服务提供经济保障。然而，由于西部地区整体经济水平比较落后，集体经济往往有名无实，基层政府缺乏建设运转资金，财政经费匮乏，这使得农村养老服务面临巧妇难为无米之炊的困境。另外，让农村老年人来承担全部的养老费用，也是根本不可能的，因为他们大多数年纪偏大、身体状况不好甚至失能，无论是身体能力还是经济能力都很有限。从图 3.8 来看，西部地区的贫困率要远高于全国平均水平，尽管差距在不断缩小，但贫困率不容忽视，贫困带来的资金匮乏问题阻碍着西部地区农村养老服务的发展。

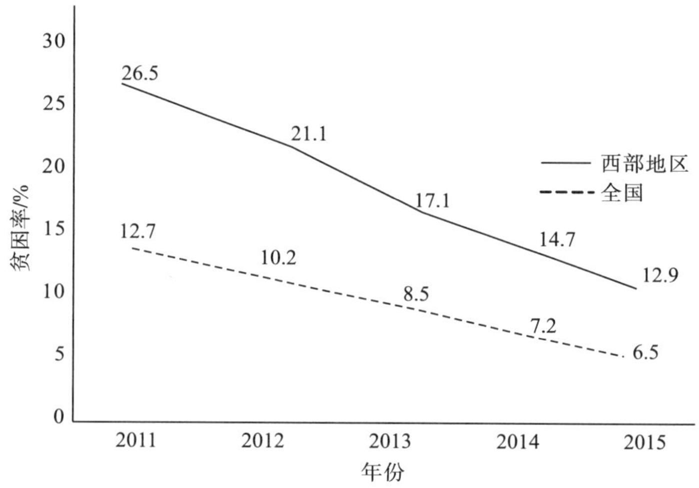

图 3.8 西部地区贫困率与全国贫困率对比①

（三）机构养老规模小，服务人员素质低

农村养老机构服务人员普遍受教育程度偏低，社会地位较低，收入水平有限，在社会上甚至容易被人歧视，就连志愿者也很少愿意去，这使得农村养老服务机构经常处于人员紧张的困境。而且这些养老机构服务人员绝大多数是大龄失业人员，自身没有养老服务的经验，缺少必要的专业培训，这就导致养老服务质量很低，无法达到专业型养老服务水平，也无法很好地满足老年人的多样性需求。

① 资料来源：中华人民共和国国家民族事务委员会网站 2016 年发布数据。

第四章　我国西部地区农村养老保障体系建设中政府的政治责任

第一节　中央政府“构建社会主义和谐社会”执政理念分析

一、执政理念的提出背景

在改革开放进程中，我国社会主义事业的发展成绩令人欣慰。目前，整个社会平稳发展，人们的生活质量得到稳步提升。然而，我国也面临着人口老龄化趋势日趋严重的问题。据有关统计，2015 年中国总人口数量达到了 137462 万人，其中 60346 万人来自农村地区，年满 60 岁和 65 岁的人口数量分别为 22200 万人和 14386 万人，这两类老年人群体占全国总人口的比重分别为 16.15%和 10.47%[①]。

二、执政理念的诞生与发展

为了更有效地解决各种问题，更好地应对国内外各种挑战，确保我国经济建设能够持续稳健地正常进行，让全体国民过上幸福安定的生活，中央政府提出了“构建社会主义和谐社会”的执政理念，并要求全国各级政府遵循该理念的指导，加强学习，提升思想水平，提高执政能力，扫除妨碍经济社会发展的各种障碍，充分满足人民群众的物质文化需要。

2002 年，中国共产党在党的十六大报告中明确提出全面建设小康社会，加快推进社会主义现代化。以胡锦涛为总书记的党中央在十六届三中全会上强调坚持以人为本，树立全面、协调、可持续的发展观，促进经济社会和人的全面发展。

2004 年，十六届四中全会明确提出必须加强中国共产党的执政能力建设，以构建和谐社会为切入点，关注民生，逐步改善人民生活质量，加快推进小康社会建设。

2007 年，党的十七大报告中指出中国特色社会主义的本质属性是社会和谐。

2012 年，党的十八大报告中提出各级政府必须牢牢把握改善民生的目标，确

---

① 数据来源：《2015 年国民经济和社会发展统计公报》。

保全体人民公平地享受社会保障的权利，实现社会保障制度全覆盖。11 月，党的十八届一中全会提出要以关注和保障民生为出发点，加大投入力度，提高决策水平，充分调动全体国民的积极性和主动性，加快推进小康社会建设。年底，习近平总书记正式提出了“中国梦”重要指导思想和重要执政理念，并深刻地阐述了中国梦的核心目标。任何时期都要坚持中国特色社会主义，贯彻为人民服务的理念，充分调动全国各行各业发展的积极性，才能实现中国梦，提高人民幸福感，实现社会和谐发展。

2015 年 10 月，为迎接经济发展的新挑战，习近平指出要贯彻落实“创新、协调、绿色、开放、共享”五大发展理念，是我们党认识把握发展规律的再深化和新飞跃。

三、执政理念对农村养老保障体系发展提出的新要求

现阶段，我国农村老龄化正在快速发展，需采取措施尽快完善养老保障体系，解决城乡养老保险发展不均衡的问题。各级政府要始终坚持“构建社会主义和谐社会”执政理念，真正做到为人民服务，对人民负责。

(1)对人民负责，保障人民的权益。

习近平总书记在十二届全国人大一次会议闭幕会上指出：要随时随刻倾听人民呼声、回应人民期待，保证人民平等参与、平等发展权利，维护社会公平正义，在学有所教、劳有所得、病有所医、老有所养、住有所居上持续取得新进展，不断实现好、维护好、发展好最广大人民根本利益，使发展成果更多更公平惠及全体人民，在经济社会不断发展的基础上，朝着共同富裕方向稳定前进①。因此，政府在农村养老保障体系的构建中要兼顾不同地区、不同阶层的人民群众利益，把全民纳入公平、统一的保障体系。尤其针对西部地区农村养老保障体系，政府应该确定与之相匹配的价值取向，从宏观层面确立养老保障的基本目标、发展模式和主要内容等，因地制宜，承担起保障西部地区人民群众权益的政治责任。

(2)加快法制建设，及时巩固发展成果。

在农村养老保障体系的构建中，政府要加快法制建设，及时巩固已有的发展成果，使其法制化、规范化。加快社会保障管理体制社会化、一体化的立法，规范管理机构设置并明确其职责、权限，保证农村养老保障社会化管理的实现；加快养老基金管理立法，统一规定基金筹集模式、来源渠道及各方负担比例、基金保值和增值的途径，保证基金的正常运转，切实维护农村养老利益。总之，政府要承担农村养老保障体系构建的法律责任，保证其权威性。

(3)维护社会公平，调动各方积极性。

① 邓永胜. 习近平：要随时随刻倾听人民呼声回应人民期待[EB/OL]. (2013-03-17) [2018-09-05]. http://www.chinanews.com/gn/2013/03/17/4650062.shtml.

没有社会公平就没有社会和谐。实现社会公平是缓和社会矛盾、实现社会和谐的最有效途径。因此，政府在构建养老保障体系时要具有创造起点公平、维护过程公平、缩小结果不公平的功能(郑功成，2014a)。政府不仅要强调统一起跑线的公平，还要在分配中考虑地区差距、城乡差距，重视二次财富分配，建立健全公平的调节机制，正确处理人民内部的矛盾，切实保护西部农村地区等弱势群体的权益，积极调动各方积极性，承担起维护社会公平、公正的政治责任。

(4)科学规划，统筹安排。

在新时代背景下，政府要立足全局与长远，从宏观视角科学规划、合理设计社会保障体系（郑功成，2014a)。首先，尽快开展农村养老保障体系的顶层设计，统筹安排，处理好社会救助、保险与福利的关系，处理好经济保障与服务保障的关系，处理好各层次的关系。其次，积极推进机关事业单位养老保险改革，统筹企业职工养老保险筹资机制，促进劳动力资源自由流动(郑功成，2014b)。最后，要统筹安排各地区的养老保障，均衡责任负担，相关配套改革协同推进。总之，政府需要承担起统筹安排、科学规划农村养老保障体系的政治责任。

第二节　“构建社会主义和谐社会”执政理念对“新农保”制度价值取向的影响

建设社会主义和谐社会必须坚持公平正义，坚持一切从人民利益出发，努力解决各类民生问题。加快“新农保”制度建设，有利于避免城乡差距扩大，有助于全国农村居民共享社会发展成果。我国各级政府必须坚决贯彻公平正义理念，在加快西部地区农村养老保障体系建设中，不断出台新政策保障农村居民的权利，真正维护广大农民的养老权益，加快我国小康社会的建设步伐。

一、构建社会主义和谐社会的目标、前提和保证

习近平总书记在党的十八大报告中强调必须坚持维护社会公平正义。公平正义是中国特色社会主义的内在要求。要在全体人民共同奋斗、经济社会发展的基础上，加紧建设对保障社会公平正义具有重大作用的制度，逐步建立以权利公平、机会公平、规则公平为主要内容的社会公平保障体系，努力营造公平的社会环境，保证人民平等参与、平等发展权利。

二、实现社会公平正义对“新农保”制度的影响

实现社会公平正义要求各级政府应当注重加快城乡社会养老保障体系的统筹和完善，早日实现全国统筹的“城乡保”(即统一的城乡居民基本养老保险)制度。

(一)维护农民基本的养老保障权

人类社会发展的前提是满足人类最基本的生存权，生存权与时代同步发展。养老权益是一种基本生存权。保障农村居民的养老权益是我国和谐社会建设的题中应有之义。各级政府在推进“新农保”制度的进程中应始终坚持以公平正义为价值取向，确保所有农民能够享受基本的养老保障权，共享改革发展成果(郑军，2011)。

(二)促进农村居民自由发展

马克思认为人的全面自由发展是人类社会发展的最终目标(中共中央马克思恩格斯列宁斯大林著作编译局，1972)。我国农民的自由发展权受到诸多因素的影响，经历了从无到有，从不被重视到追求自由发展的过程。为了帮助广大农民实现自由发展，首先，必须坚持“新农保”制度发展的普惠理念；其次，必须坚持公平正义共享的社会发展原则，确保广大农民享有自由发展权利。

(三)实现城乡养老保障体系的一体化发展

我国养老体系存在较为突出的城乡二元化特征。农村社保体系起步相对较晚，无论是保障项目、制度覆盖面还是保障水平，与城镇相比均存在较大差距。很显然，这严重影响了我国城乡养老保障制度的正常发展。各级政府应坚决贯彻公平正义理念，逐步实现城乡居民社会保障制度的一体化。当然，城乡居民社会保障全覆盖将会是一个缓慢的过程，需要各地政府结合实际情况，制定相应的政策和鼓励措施，不断缩小地区间的差异，加快我国城乡养老保障制度的一体化发展(林毓铭，2005)。

三、具体影响过程分析

2003 年，中央政府在《中共中央关于完善社会主义市场经济体制若干问题的决定》中指出养老问题必须引起我国各级政府的重点关注并给予解决，加快城乡社会保障制度建设是当前时代发展的重要任务之一。2004 年，中央政府在《宪法》中明确规定，要建立和健全社会保障制度，为我国城乡社会保障制度的建设提供了法制保障。2006 年，党的十六届六中全会提出进一步完善社会保

障体系，保障人民群众的基本生活。

2007 年 10 月党的十七大报告提出必须全面贯彻科学发展观，加快我国城乡社会保障体系的建设步伐，不断改善人民生活，推进和谐社会的构建。2008 年，十七届三中全会审议通过了《中共中央关于推进农村改革发展若干重大问题的决定》，描绘了未来 12 年我国社会主义新农村建设和形成城乡经济社会发展一体化新格局的美好前景。2009 年，中央政府在《国务院关于开展新型农村社会养老保险试点的指导意见》中明确开展“新农保”制度的基本原则、目标及参保范围等内容，同时要求逐步扩大试点范围，将全国农村适龄居民全部纳入“新农保”制度覆盖范围，制度建成目标的时间点是 2020 年。

2011 年，中央政府在《国务院关于开展城镇居民社会养老保险试点的指导意见》中又明确了建设“城居保”制度的主要目标、基本原则与覆盖范围等基本内容，强调要加快制度建设步伐，且要覆盖所有城镇居民。2012 年，十八大报告提出各级政府要加快社保体系的改革完善工作，做到保障基本、全面覆盖、更多层次以及稳定的可持续保障能力，并特别强调全面覆盖应该成为社保制度建设的重要目标，确保所有普通公民都能够享受基本社会保障。2013 年，十八届三中全会提出在推进社会主义事业发展进程中，民生问题必须成为各级政府执政决策的重要内容，大力发展城乡公共服务，努力提高公共服务质量，加快推进城乡社保体系制度建设，实现城乡社会保障制度的公平与可持续发展。

2014 年，中央政府又发布《国务院关于建立统一的城乡居民基本养老保险制度的意见》，指出必须统一规范“城居保”和“新农保”的标准，真正实现城乡养老保障体系的均衡发展。2014 年底，已有 8.4 亿人纳入了城乡养老保险制度保障范围[①]。

综上所述，积极响应中央政府提出的“构建社会主义和谐社会”的执政理念，大力贯彻落实公平正义的发展理念，加快城乡社保体系建设，才能实现我国“新农保”制度的可持续性发展，确保全体国民都能享受社保体系建设的重要成果，最终实现城乡养老保障体系的全覆盖。

第三节　地方政府探索“新农保”制度模式的相关实践

2009 年，国务院正式开始“新农保”的试点工作，并预计该制度最迟于 2020 年在全国范围内实现全覆盖。在首批试点工作中，西部十二省份[②]试点县数量占全国的比例为 41.56%。由表 4.1 可以看出，西、中、东部地区村民认为政府对

① 数据来源：《2015 年中国统计年鉴》。

② 即四川、重庆、贵州、云南、西藏、陕西、甘肃、青海、宁夏、新疆、广西、内蒙古。

“新农保”的重视程度较高的分别是74.95%、45.38%和65.33%，西部地区重视程度最高，由此可见，西部地区村民已切实感受到了政府积极推进“新农保”的行动。

表4.1　2017年西、中、东部地区农民认为政府对新型农村养老保险的重视程度

地区	非常重视		重视		一般		无所谓		合计
	人数/人	比例/%	人数/人	比例/%	人数/人	比例/%	人数/人	比例/%	
西部	225	48.60	122	26.35	110	23.75	6	1.30	463
中部	38	15.26	75	30.12	118	47.39	18	7.23	249
东部	45	30.00	53	35.33	25	16.67	27	18.00	150

数据来源：本课题组调研搜集整理得到。

从2003年开始，西部各地区针对实际状况，探索符合地方民情的“新农保”实施模式，做法不一、模式多样，如宝鸡模式、成都模式、新疆呼图壁模式等。2014年，中央政府颁布重要文件指出“新农保”与“城居保”均应以相同标准开展建设，以确保将来能在全国范围内实现二者的一体化发展。

在农村养老保险制度的推行过程中，西部地区农民也对政府提出了自己的期望，具体内容见表4.2，其中期望较高的是提供财政补贴、设计合理制度模式、促进尊老风气，占比分别为82.07%、73.43%、90.71%，西部各地区也根据农民期望进行了相关实践。

表4.2　2017年西部地区农民关于农村养老保险对政府责任的期望

项目	人数/人	比例/%	项目	人数/人	比例/%
提供财政补贴	380	82.07	巩固家庭养老	244	52.70
设计合理制度模式	340	73.43	促进尊老风气	420	90.71
提高养老保障水平	257	55.51	保证养老基金安全	287	61.99
确立合理制度目标	250	54.00	实现养老基金保值增值	273	58.96

数据来源：本课题组调研搜集整理得到。

本书主要选取西部有代表性的地区为考察对象，分析研讨各级政府部门在“新农保”制度的政策宣传、组织实施、制度监管等方面的责任意识和主导作用(林义，2013)。

一、陕西省政府的相关实践

2002 年，党中央在十六大报告上要求各地政府要针对自身经济现状制定政策，努力实现农村社会养老保险全覆盖，维护广大农民的养老利益，带动农村的全面发展。2007 年，党中央在十七大报告上进一步强调，要实现城乡社会保障制度的全覆盖，不断提高城乡居民的生活水平。在此背景下，陕西省政府全面贯彻执行中央政策，保障农民的养老权益。首先，针对陕西地区的现状，挑选一些符合要求的地方，大力宣传相关政策，动员广大农户缴费参保。其次，开创多元化筹资模式，减轻农民缴费压力，增强制度吸引力。再次，以个人账户为主、保障水平适度的方法，采取不同的缴费方式，建设具有陕西地方特点的“新农保”制度。从 2006 年开始，陕西省政府在全省范围内开展农村社会养老保险调查活动，并探索适合本省的方法。

2007 年，宝鸡市成为全国首个试行“新农保”的城市，在严格遵守中央政府和陕西省政府制定的政策，充分调查研究本地区的农村养老保险制度现状，满足广大农民的需求，反复征求相关部门建议的基础上，最终出台了《宝鸡市新型农村社会养老保险试行办法》，该研究选取麟游、太白两个县作为代表于 2007 年 7 月 1 日起开始试点，翻开了“新农保”制度的新篇章。2008 年，宝鸡市“民生八大工程”项目在全市范围内开展，“新农保”制度被作为全市重点项目(蒋枢泓，2011)。截至 2008 年底，宝鸡市“新农保”制度的覆盖人数已经达到 25.6 万。从宝鸡市的新型农保制度发展来看，其政策设计科学合理，符合当地农村居民的实际收入水平、农民心理及农村实际。宝鸡市“新农保”制度试行成功为我国其他省市的试行提供了现实依据(魏哲铭 等，2013)。

2008 年，陕西省政府又出台了新的指导意见，确定开展“新农保”制度的指导思想、基本原则以及筹资模式等内容。针对宝鸡市“新农保”试点的建设经验，省政府计划扩大试点范围，启动西安市、榆林市等试点，逐步实现“新农保”制度在陕西省的全覆盖，并出台相关政策为各地区“新农保”制度的发展创造相对宽松的环境。2008 年底，全省“新农保”覆盖人数达 418844，基本将所有农村适龄人口纳入 “新农保”制度覆盖范围。

陕西省政府全面贯彻执行中央政策，逐步实行养老保障体系的城乡统筹。2010 年 7 月 1 日，陕西省政府顺利通过了《关于开展城镇居民社会养老保险试点的指导意见》，并结合实际情况在全省范围内启动，加快城乡养老保障体系的统筹发展，为“新农保”国家试点与“城居保”试点的衔接并轨奠定了基础。2014 年 7 月 21 日，陕西省政府在《关于进一步完善城乡居民基本养老保险制度的实施意见》中又进一步要求加大推广力度，确保城乡社会养老保险覆盖所有陕西人民。

二、四川省政府的相关实践

四川省政府全面贯彻落实中央指示，着力提升社保体系的城乡统筹与制度水平，并按照严格标准进行预算，确保城乡社保体系的良性发展。2014 年，四川省出台了《关于建立统一的城乡居民基本养老保险制度的实施意见》，明确强调要大力开展“新农保”与“城居保”的统筹建设，坚持以人为本，确保全省社保制度的全覆盖。

成都市政府在构建城乡居民养老保险制度过程中始终坚持权利公平、机会公平，并严格按照统一的规则与标准，让全体居民能够平等的享受养老保障权利。2009 年 12 月通过、2010 年 4 月正式实施的《成都市城乡居民养老保险试行办法》提出要实现“新农保”制度和“城居保”制度的统一，确保全市所有居民均能享受制度提供的养老保障作用。该试行办法推动了成都市城乡养老保障体系的一体化发展，充分反映了成都市政府维护社会公平正义的决心，也进一步落实了在全市范围内实现城乡养老保障体系全覆盖，让全体人员共享养老保障的工作理念（蒋枢泓，2011）。

由于四川省政府的重视以及各项工作的有序开展，“新农保”制度试点在四川成效显著。但是随着试点工作的深入推行，制度自身的各种缺点也逐渐显现出来。四川省各地方政府都在探索新的道路、采取新的方式以解决“新农保”制度目前的困境，较为典型的是德阳市旌阳区，该地采用了政府买单，市场实施的方式，为我国“新农保”制度的快速推广提供了新的思路。2010 年，四川省德阳市旌阳区作为第一批试点地区，通过公开竞标，选择中国人寿德阳分公司为服务提供者。德阳分公司负责具体的“新农保”经办服务，但并不参与基金的运作管理。旌阳区政府负责整体的调控和监督。在实际运行中，旌阳区政府运用商业保险公司的专业化管理、人才招聘管理制度和信息网络等优势，不仅有利于政府的管理与服务机制的创新，也有利于促进政府职能由单一的政策制定与执行者到监督者的转变，在一定程度上节省了政府的行政成本，而借助市场品牌效应也有利于提高政府的公信力。政府决策管理的工作效率与服务能力有赖于这种新型模式得以提升，同时也增加了“新农保”的运行透明度，确保“新农保”制度的有效开展，并扩大了覆盖面和参保率（李振文，2014）。截至 2011 年 11 月底，德阳市旌阳区“新农保”参保总人数达到 17.98 万，参保率达到 90.27%。其中参与“新农保”缴费为 10.23 万人，养老金领取为 3.52 万①。

2010 年，中共旌阳区委提出借鉴城乡统筹的“成都样本”，全力推进城乡一体化进程，并结合旌阳区当前现状，发展具有旌阳地方特色的城乡社保模式。

① 数据来源：《四川统计年鉴 2012》。

2014 年 4 月在全面深化改革的实施意见中，中共德阳市委明确提出必须坚持做到让全市城乡居民公平公正的享受发展成果，完善异地转移接续信息系统和领取养老金资格异地论证系统，最终实现城乡养老保障制度的一体化建设。同年，德阳市《城乡养老保险制度衔接暂行办法》实施，不仅从制度设计层面实现城乡养老保险正常对接，降低参保人员缴费负担，还推进了城乡的一体化发展。截至 2015 年底，该制度在全市范围覆盖人数达到了 243.4 万[①]。

通过以上内容可以看出，坚持以人为本，实现社保体系在全省的全覆盖，加强制度的优化和改革，逐步推进城乡社会保障制度的统筹发展，已经成为四川省政府决策施政的主要内容。

三、新疆维吾尔自治区政府的相关实践

2009 年底，新疆维吾尔自治区政府召开了“新农保”全区试点工作专项会议，首批试点区域包括乌鲁木齐县、呼图壁县、和田市等 13 个县市，覆盖了 170 万农牧民，整个试点工作开展得非常顺利。

为了积极响应党中央指示以及区政府要求，针对本县“新农保”试点的运行现状，呼图壁县政府转变观念，大胆创新，开展了“保险证质押贷款项目”，简称“呼图壁模式”。该县农民缴费参与“新农保”后，如果需要资金解决其他困境，可以抵押养老保险证，从银行获得贷款。该举措既有利于“新农保”基金的保值增值，又能促进制度的良性发展。

呼图壁县“农村养老保险制度改革”举措受到广泛关注，国家民政部有关领导对此给予高度评价。2007 年，我国第四届“地方政府创新奖”也因为“保险证质押贷款项目”颁给了呼图壁县政府，这也是“中国地方政府创新奖”设立以来西北五省区首次入围的唯一参选项目。

新疆维吾尔自治区的“城居保”和“新农保”制度试点取得了十分骄人的成绩。2014 年底，全区范围内，“城居保”覆盖居民为 34.54 万人，“新农保”为 496.07 万人，其中享受待遇的人数总共达 102.82 万[②]，可见新疆维吾尔自治区已经基本实现养老保障体系的全覆盖。然而，这两种制度均面临着多种困境，如基础养老金标准呈现出城乡差异，缴费档次选择余地小、弹性不足以及城乡养老保险制度还未实现无障碍转接等。2014 年，为实现城乡社会保障制度一体化，新疆维吾尔自治区政府于 2015 年 1 月 1 日起，整合“城居保”与“新农保”制度，正式建立统一的城乡居民养老保险制度，同时大力提高农村居民的养老金水平，确保农民的养老权益，实现农村地区的和谐发展。

---

① 数据来源：《2016 年德阳市政府工作报告全文》。

② 数据来源：《2015 新疆统计年鉴》。

综上，西部各地政府转变传统观念，创新服务理念，不断推动政府职能改革，加快各地“新农保”制度建设，积极推动城镇和农村居民养老保险制度的并轨，努力实现全体城乡居民养老保险制度的全覆盖，确保全体人民共享社会发展成果。

第四节 西部地区农村其他养老模式的政府政治责任分析

随着社会的进步和发展，我国西部地区农村养老形式正日趋丰富化、多样化。家庭养老、自我养老、商业养老保险等多种养老形式日益发展，并成为我国西部地区现行农村养老保障体系中不可或缺的重要组成部分。但西部地区农村养老保障体系尚不成熟，与东中部地区存在明显差距。因此，西部地区政府需要承担相应的政治责任，重视西部地区家庭养老、自我养老、商业养老保险等各种养老形式，从而完善西部地区的养老保障体系，实现社会公平和正义。

一、“家庭养老”模式中的政府政治责任分析

（一）“家庭养老”模式

传统的家庭养老模式，可以从狭义和广义两个角度来认识。狭义的“家庭养老”指的是以每一个家庭为养老载体，以代与代之间的经济转移为养老经济来源，以家庭子女为主要赡养人，完全依靠家庭自身来实现养老保障功能，是一个天然养老基金缴纳、积累、增值与给付的完整过程。广义的“家庭养老”是指以家庭为养老载体，以家庭自有收入(如劳动所得、资产所得)和非自有收入(国家补贴、社会福利)为养老经济来源，以亲属为供养人，不是完全依靠家庭自身实现养老保障功能(邹纯青，2015)。2016 年 5 月 27 日，中共中央政治局就我国人口老龄化的形势和对策举行第三十二次集体学习，习近平总书记在主持学习时强调，制定家庭养老支持政策、农村留守老人关爱服务政策、扶助老年人慈善支持政策、养老服务人才激励政策，促进各种政策制度衔接，增强政策合力，为子女尽孝提供法律保障，发挥政策对家庭养老的引导和鼓励作用，是一个很好的开始。构建社会主义和谐社会，倡导公平正义的现代化社会，推动西部地区养老事业可持续发展，政府仍需采取更多切实可行的保障措施。如表 4.3 所示，在政府施策的同时，西部地区农民也对政府提出了自己的期望，将近 75%的农民期望在家庭养老模式中政府能承担提供部分养老金的责任。政府应从农民需求出发，更好地开展“新农保”工作。

表 4.3 2017 年西部地区农民认为家庭养老中政府应该承担的责任

家庭养老中政府责任	不承担	提供一部分养老资金	对和子女共同居住的老年人提供补贴	加强养老习俗教育	出台相关法规，惩戒不孝子女	其他
比例/%	7.62	74.76	5.71	4.76	4.28	2.87

数据来源：本课题组调研搜集整理得到。

(二)“构建社会主义和谐社会”执政理念对西部地区“家庭养老”模式的影响

在我国西部农村地区，“养儿防老”等观念仍然存在，“家庭养老”依然是老年人获得生活保障的重要来源。因此，政府发展“家庭养老”模式意义重大。根据西部地区实际发展，构建具有中国特色、西部特色的农村养老保障体系，不仅是家庭与社会可持续发展的重要保障，也是构建社会主义和谐社会的内在要求。在经济发展方面，政府应从实现社会公平正义的角度出发，践行“三严三实”，做好民生工作，让西部农村地区的老年人享受到物质生活保障；在制度文化方面，政府应该重视西部地区的制度文化环境，积极弘扬尊老爱幼的优良传统，将西部地区的特色文化与现代化相结合，力求让西部农村地区的老年人感受到精神上的慰藉。只有物质保障和精神慰藉相结合，西部地区的“家庭养老”模式发展才会日益成熟。传统道德、社会观念和政府引导相结合，力求构建社会主义和谐社会的执政理念才真正在家庭养老保障模式中得到贯彻和落实。

(三)实现社会公平正义对西部地区“家庭养老”模式的影响

社会公平正义是人类追求的价值目标，也是政府管理社会公共事务的基本的、优先的价值理念。在我国西部地区，“家庭养老”模式遭遇困境最主要的原因是西部农村地区经济条件有限，家庭贫穷，导致老而难养。因此，有效扶持家庭养老模式，是实现社会公平正义的内在要求。在政策实施方面，政府要有意识地出台针对西部地区的帮扶政策，在政治、经济、文化等各方面对家庭养老模式给予政策性优惠与支持；在法律实施方面，严格贯彻落实有关法律法规，保护老年人的合法权益并实行有效监督。总之，政府要科学规划，完善西部地区农村养老保障体系，支持“家庭养老”模式发展，保证发展成果惠及西部农村的老年人。

二、“自我养老”模式中的政府政治责任分析

(一)“自我养老”模式

“自我养老”模式主要是指老年人不再完全依赖家庭或社会等外在力量，而是依靠自己给自己提供养老保障，是“自己服务自己”的一种养老模式(沙玉霞，

2010)。实行自我养老模式的最佳效果，是老年人可以自己为自己提供物质保障和精神上的自我娱乐与满足。我国大多数农民秉持“活到老、干到老”的劳作习惯，自己提供物质生活保障。从居住方式来看，越来越多的老年人选择与子女分开居住，不仅自由，还能减少与子女之间的摩擦，有利于家庭和谐。因此，“自我养老”模式已成为我国西部地区农村养老保障体系的重要组成部分。

(二)“构建社会主义和谐社会”执政理念对西部地区“自我养老”模式的影响

西部地区目前的经济发展水平和我国国情决定了西部地区老年人自我养老在未来社会中将发挥重要作用。自我养老保障作为老年人晚年基本生活的“安全网”，直接关系到老年人的身心健康与幸福。在构建社会主义和谐社会的背景下，西部地区建立健全公平合理的“自我养老”模式，意义十分重大。因此，针对西部农村地区，政府要积极宣传鼓励老年人充分利用家庭和社会提供的支持网络和社会保障条件，依靠自己的力量为晚年的幸福生活建立可靠的经济支柱。政府应掌握西部农村地区老年人的人口现状以及相关意愿，积极引导“自我养老”模式发展，将个人、家庭、社会三力合一，为老年人创造安全、健康、幸福的晚年。这是国家老年人工作的重点，是以人为本的体现，也是构建社会主义和谐社会的应有之义。

(三)实现社会公平正义对西部地区“自我养老”模式的影响

社会主义和谐社会应该是公平共享的社会，我国西部地区也应该公平地分享经济发展成果，享受应有的养老保障。政府在西部地区鼓励、倡导“自我养老”的同时，也要加大社会保障力度，为西部农村地区老年人自我养老保驾护航，免除后顾之忧，确保该地区老年人能够享有体面尊严的老年生活。

三、“商业养老保险”模式中的政府政治责任分析

(一)“商业养老保险”模式

商业养老保险是以获得养老金为主要目的的长期人身险，是年金保险的一种特殊形式，又称为退休金保险，是社会养老保险的补充。被保险人缴纳了一定的保险费以后，就可以从一定的年龄开始领取养老金。“商业养老保险”模式也是我国西部地区农村养老保障体系的重要组成部分。

(二)“构建社会主义和谐社会”执政理念对西部地区“商业养老保险”模式的影响

国务院印发的《关于加快发展商业养老保险的若干意见》指出发展商业养老保险对健全多层次养老保障体系，促进养老服务业多层次多样化发展，应对人口

老龄化趋势和就业形态新变化，进一步保障和改善民生，促进社会和谐稳定等具有重要意义[①]。由于经济发展程度较弱等原因，我国西部地区商业养老保险发展尚不成熟，存在农民保险意识淡薄、市场供给不足、保险产品单一、保险队伍人才素质过低等问题。因此，政府要积极引导西部地区商业养老保险的发展方向，鼓励保险机构创新养老保险产品，积极宣传风险控制理念，培养西部地区农民的保险意识，增强其对商业养老保险的信任度，使保险机构、政府、农民等各大主体的利益诉求得到不同程度的满足。

（三）实现社会公平正义对西部地区“商业养老保险”模式的影响

从党的十八大报告到促进保险业发展的新“国十条”，无不强调商业机制在社会保障体系建设中的重要作用（秦薇，2015）。因此，在倡导公平正义的政策环境下，政府还需要在制度的完善和政策的推动等方面承担起该有的政治责任。政府需要根据西部地区农村社会经济发展的实际情况，在保证制度统一的基础上，对西部地区的农村商业养老保险制度实行差别化政策和适度倾斜的管理政策。大力支持西部农村经济发展，培育农民的风险控制意识和保险意识，并通过优惠政策吸引保险公司进入，鼓励保险机构针对该地区农村市场需求，创新养老保险产品，真正满足各主体的合理利益诉求，实现社会的公平和正义。

四、“养老保障服务”模式中的政府政治责任分析

（一）“养老保障服务”模式

按照养老方式的不同，养老服务可分为居家养老服务和机构养老服务。居家养老服务是指通过购买服务、社会参与、民间组织实体承办等运作机制，采取上门、日托或邻里互助等服务形式，为居家养老的老年人提供以生活照料、医疗康复、心理慰藉等为主要内容的社会化服务（章晓懿 等，2011）。机构养老服务主要指养老机构提供养老服务，主要包括食宿、生活照料与专业化护理等。在养老服务的发展历程中，政府作用也十分显著。从2000年开始，全国各地陆续开展养老服务工作。2006年2月，第二次全国老龄工作会议强调要发展“以居家养老为基础，社区服务为依托，机构养老为补充”的中国特色养老服务体系（董红亚，2010）。

（二）“构建社会主义和谐社会”执政理念对西部地区“养老保障服务”模式的影响

我国西部地区现代化的养老服务发展尚处于成长期，需要政府支持。针对居家养老，政府应该有计划的结合当地实际，建立居家养老服务体系，为西部农村

① 资料来源：中华人民共和国中央人民政府 http://www.gov.cn/index.htm。

地区的老年人提供家务、医疗等多种服务，满足老年人多种需求。同时，鼓励志愿者加入社区居家养老服务，规范志愿者行为。针对机构养老，政府应出台优惠政策，鼓励民间资本进入养老产业，结合西部地区实际情况，出台养老机构的行业标准。同时督促养老机构提高其服务能力和容纳能力，满足当地不同对象的养老服务要求，提升服务品质和质量。总之，从根本上来说，政府要激活西部地区农村社区和机构的养老保障功能，保障西部地区人民群众养老的合法权益，实现社会和谐发展。

(三)实现社会公平正义对西部地区“养老保障服务”模式的影响

西部地区“养老服务”模式的发展需要政府完善机构养老、居家养老等各方面的政策支持体系，对养老服务对象保持公平的态度，兼顾全体老年人服务的需求。此外，发展西部农村地区的养老服务，还要以城乡统筹为目标，在制度设计上着眼公平，注重机会公平、过程公平、结果公平，以城带乡，实现城乡共同繁荣。总之，促进西部农村地区养老服务的发展，不仅是单纯的改善老年人生活，还要以实现地区协调发展、城乡统筹为目标，为社会主义和谐社会的构建作出贡献。

第五章　我国西部地区农村养老保障体系建设中政府的经济责任

我国农村养老保障体系建设中政府的经济责任，本书界定为政府在建立和完善我国农村养老保障体系过程中，必须承担的制度设计、财政出资、管理体系、制度监管等各项具体责任(郑军，2011)。

第一节　政府的制度设计责任

一、政府制度设计责任的基本内容

制度设计在政府责任中处于基础地位，对财政责任和监督管理责任具有领导和指示作用。目前，国内许多学者从不同学科视角对农村养老保险的制度设计进行了考察，其中李中义的研究较具代表性，主要从三个方面对农村养老保险进行了制度规划：一是模式选择，二是制度基本原则、目标的确定，三是制度内各组成部分之间的关系(李中义，2008)。

本书在前人研究的基础上，结合国发〔2009〕32 号文件[①]以及西部各地相继出台的有关新型农村社会养老保险的文件，将农村养老保障体系中政府制度设计责任归纳为以下几方面内容：一是制度模式选择，二是制度的基本原则、目标以及覆盖对象，三是筹资模式和给付模式，四是制度衔接，主要包括新旧制度衔接和城乡社会养老保险制度衔接。

二、“新农保”制度下中央政府的制度设计责任

(一)制度模式选择

关于养老保障的制度模式，学者们认为主要包括以下三种：一是社会保险型，这一模式奉行“援助者自助”的原则，重视养老的“个人责任”，国家财政补贴

① 《国务院关于开展新型农村社会养老保险试点的指导意见》，以下都简称“国发〔2009〕32 号文件”。

以农民缴纳保费为必要前提，注重公平和效率，政府负担较轻；二是福利国家型，选用这一模式的国家力图以大幅度的财政支出，实现老年人高品质的老年生活，农民缴费压力小而国家财政负担沉重，过分追求公平而忽视了效率；三是强制储蓄型，这种模式以农民自己承担养老责任为主，农民全额缴纳的保费(按个人收入的一定比例确定)形成养老基金，政府也不给予资金支持，只提供相关优惠待遇，财政负担较轻。这一模式过分注重效率，公平性较为欠缺，各个阶层居民的收入差异并没有因此而缩小。

比较这三种制度模式，强制储蓄型效率至上，政府责任最轻，我国农村养老保障体系中的“老农保”较为符合这一模式；“新农保”介于福利国家型和社会保险型两种模式之间；对于未满60岁的需缴费农民而言，“新农保”更符合社会保险型；对于年过60的无须缴费农民而言，“新农保”更符合福利国家模式。

(二)制度的基本原则、目标和覆盖对象

“新农保”的基本原则有：首先，“保基本”，即从当前农民的基本养老需求着手，为农村老年人提供基础养老金，而非不切实际地追求较高层次的养老水平；其次，“广覆盖”，即不断优化农村养老保障政策，采用各种宣传方式帮助农民更好地认识和了解这些政策，积极缴费参保，提高制度覆盖面；再次，“有弹性”，鉴于当前我国不同区域间财政能力和农民收入水平差距较大，中央出台的各项农村政策凸显了较大的灵活性；最后，“可持续”，即着眼于制度的长期良性发展，制定与农民和各级财政承受能力相适应的缴费标准和给付水平。在以上原则的基础上，“新农保”以提供最基本的养老保障为出发点，在2020年底以前惠及全国所有农村居民。

制度覆盖对象方面，“老农保”只将20周岁到60周岁的农民列为保险对象。多数农村老年人在60周岁后生产能力明显下降，养老需求日益增加，却被排除在保障范围之外，导致制度覆盖率始终在10%以下。相反，“新农保”将16周岁以上符合条件的农民都纳入保障范围，制度覆盖范围更为宽广。

(三)筹资模式和给付模式

筹资模式方面，中央政府做了以下设计：一是筹资渠道方面，由个人、集体、政府等多渠道、多方式筹集养老保险所需资金；二是个人缴费方面，考虑到农民缴费能力差异，设置了五个档次的缴费标准[①]供选择，多缴多得，同时允许各地针对农民需求特点增加缴费档次，体现了政策的灵活性；三是入口补贴方面，所有的参保农民均可以从当地政府领取部分保费补贴，每人每年补贴数额最低30元，鼓励地方政府对选择较高缴费档次的农民提供额外补贴；四是缴费困难群体补

① 每年每人100元、200元、300元、400元、500元。

贴，对于无经济能力、缴费确有困难的群众，其保费可以由地方政府代替缴纳。

给付方法方面，养老金给付包括两个部分：一是基础养老金，各级政府均要承担一定财政出资责任，确保每人每月不低于55元，这份待遇与农民个人缴费无关；二是个人账户养老金，主要由参保农民根据自己收入水平决定，多缴多得，满足领取条件后，以本人账户的累积余额为基础按月发放。

在养老金领取条件方面，中央政府也做了统一规定：未满60岁的参保农民，必须按要求尽缴纳保费义务；年过60且未参加“城居保”的农民，免除缴费义务直接发放养老金，前提是他们的所有成年子女均已缴费参保。

（四）制度衔接

关于试点地区的新老农保的衔接和结合，中央政府规定：在“老农保”时代已经达到法定领取年龄且领取了养老金的农民，可无条件享受“新农保”中的基础养老金部分；而没达到法定领取年龄且未享受养老金待遇的“新农保”参保人，则要将新旧制度的个人账户整合，按规定继续缴费直至满足条件才能领取养老金。但对于城乡养老制度的衔接未做具体安排，并交由其他部门负责。

三、“新农保”制度下西部地区地方政府的制度设计责任

根据我国西部12个省份在2009年前后制定的关于实施“新农保”政策的文件内容来看，地方政府在制度模式选择、制度原则和覆盖对象方面基本沿用了中央政府的制度设计。而制度衔接方面的设计主要由中央相关部门安排，多数地方政府只能遵从国家规定。因此地方政府承担的制度设计责任主要体现在制度目标设计、缴费档次设计、补贴层次安排以及缴费困难群体补贴等几方面。

（一）制度目标设计

从各省份的相关文件内容来看，四川、内蒙古、陕西、云南、甘肃、青海6省份未提及任务目标或未做具体规定；贵州、新疆则完全遵循“国发〔2009〕32号”相关要求，力争“新农保”在2020年底惠及所有地区。相比之下，当时广西、宁夏、重庆、西藏4省份则提出了更高的制度目标：力争2012年使“新农保”惠及所有辖区。

（二）缴费档次设计

“新农保”开设不同档次的缴费标准，有一定的理论依据，具体如表5.1所示。

表 5.1 2017 年西部地区农村居民每月参保缴费最高负担水平统计

每月参保缴费最高负担水平/元	各水平人数占总人数的比例/%
50—100	22.66
100—200	22.95
200—300	13.31
300—400	26.35
400—500	0
500—600	5.67
600—700	1.42
700—800	0.28
800—900	0.85
900—1000	0.28
1000 以上	2.83
尚不清楚	3.40

数据来源：本课题组调研搜集整理得到。

由表 5.1 可以看出西部地区农村居民每月参保缴费最高负担水平在 300—400 元的比例最高，100—200 元、50—100 元紧随其后，其余的比例相对较低。国发〔2009〕32 号文件中的缴费标准在西部农村居民的承受范围之内。因此，西部地区大部分省份采取了国发〔2009〕32 号文件中的缴费标准。但贵州省和重庆直辖市考虑自身经济发展，在此基础上做出了一些调整，贵州省在 600—800 元区间增设了三个档次供投保农民选择；重庆直辖市则在 100—900 元区间开设了五个档次。

（三）补贴模式安排

1. 基本缴费补贴

表 5.2 西部各省份基本缴费补贴模式

基本缴费补贴模式	省份
模式一：省级财政全额承担固定金额的缴费补贴，市、县级财政不承担	云南、甘肃
模式二：全省范围内，省级财政承担固定比例的补贴	四川、西藏、广西、陕西、内蒙古、青海、贵州
模式三：分区域设置不同基本缴费补贴比例	重庆、新疆、宁夏

资料来源：作者根据 2009 年左右西部 12 省相继出台的“新农保”相关政策文件整理得出。

在基本缴费补贴方面，西部各省份补贴层次安排不尽相同，如表 5.2 所示，主要包括三种模式：一是省级财政全额承担固定金额的缴费补贴，标准为每人 30

元/年，市、县级财政不用承担补贴责任，如云南、甘肃；二是省级财政在全省范围内承担固定比例(一般在 50%以上)的基本缴费补贴，剩下部分由市、县级财政补足(具体的比例安排在本章第二节详细阐述，下同)，如四川、西藏等地。三是将全省根据经济实力和财政实力的不同划分为不同区域，不同区域的补贴比例安排差异明显：比如重庆直辖市通过划分主城区、贫困县区和非贫困县区的不同区域，分别提供 20%、70%和 50%的不同保费补贴。

2. 较高缴费档次额外补贴

为鼓励农民选择较高的缴费档次投保，西部地区大部分省份也对选择较高缴费档次的农民提供额外补贴。云南、甘肃两省将较高标准缴费补贴的任务下放到市县级政府；四川、内蒙古、陕西、宁夏四省份则规定省级政府和市县级政府分别承担 50%；广西和西藏则将省、市、县三级政府的补贴比例分别设计为 6:2:2 和 8:1:1；而贵州、重庆、新疆则可能出于减轻财政压力的考虑，并未设计较高档次缴费额外补贴制度(表 5.3)。

表 5.3 西部各省份较高标准缴费额外补贴

基本缴费补贴模式	省份
模式一：省级财政不承担补贴，由市县级财政承担	云南、甘肃
模式二：全省范围内，省级政府和市县级政府按比例承担补贴	四川、西藏、广西、陕西、宁夏、青海、内蒙古
模式三：不提供	重庆、贵州、新疆

资料来源：作者根据 2009 年左右西部 12 省相继出台的“新农保”相关政策文件整理得出。

(四)缴费困难群体补贴

根据国发〔2009〕32 号文件，特殊困难补贴制度在许多西部地区得以建立。补贴额度从 30—100 元不等。值得一提的是，广西壮族自治区除了重度残疾人外，将五保户、低保户也纳入缴费困难群体并给予相应补贴；陕西省则根据残疾程度，将农村残疾人分为重度和中轻度残疾人，并分别制定了不同的补贴制度。

四、“新农保”制度设计的缺陷

相对于“老农保”而言，“新农保”有以下优势：第一，对中央和地方政府应承担的财政出资责任作出明确要求，改变了过去仅靠农民出资的状况；第二，养老金不仅包括个人账户资金，还有基础养老金，该部分待遇不需个人缴费，政府全额补贴；第三，标准公平，通过差异化补贴平衡了东部和中西部的经济发展水平差异，使东中西部农民都能享受到基础养老金待遇；第四，待遇共享，拓宽了保障对象范围，特别是 60 岁以上的农民也可以获得“新农保”的保障。但是，在运行过程中，仍需完善。

(一)定额缴费制不合理

根据国发〔2009〕32号文件，“新农保”设计了五种缴费档次，即在100—500元之间每隔100元各设一个档次。实际上，我国西部地区也都基本采用相同或是类似的制度设计，这种定额缴费制直观易懂，便于农民认识和理解，有利于“新农保”制度的迅速推广。但从长远来看，缺乏科学精算体系作为支撑的定额缴费制设计，既没有与实际养老需求金额相关联，也不能实现缴费水平与同时期经济发展和农民实际收入的变动而同步变化，主观臆断性较为明显。当农民收入增速加快时，如果个人账户积累额还是以固定的速度增长，极有可能降低养老金替代率，挫伤农民投保积极性。此外，“新农保”中大部分农民的缴费时间长达几十年，考虑到通货膨胀问题，若长期采用定额缴费制，制度提供的养老保障作用将明显削弱。因此，应尽快改变定额缴费制，建立动态调整缴费机制，确保缴费金额与农民收入同步变化，保持相对稳定的养老金替代率。

(二)养老金“捆绑缴费”机制设计仍需完善和改进

“新农保”制度中，对于年过60且未参加“城居保”的农民，免除其缴费义务直接发放养老金，但同时规定，所有符合条件的成年子女必须缴费参保。对于这种类似于“捆绑制”的政策，农村居民持有不同的观点，一部分人认为有利于彰显中华民族尊老爱老的精神，另一部分人指出，其在一定程度上违背了“新农保”制度的普惠初衷。

从表5.4可以看出西部、中部、东部地区都存在捆绑规定，东部地区认为这项规定不合理的人数(57.33%)约是认为合理的人数(16.67%)的3倍，西部认为不合理的人数约占38.62%，中部认为不合理的人数仅占17.84%，比例最小。对于东部而言，经济较发达，消费开支高，独生子女居多，该项政策的实施，给子女带来经济负担；西部经济较落后，农村居民收入低，经济困难的老人，很可能就因为子女无力缴费而丧失了领取基础养老金的资格，然而他们通常比其他人更需要获得制度提供的养老待遇，这不利于“新农保”制度实现全覆盖。

表5.4 2017年关于东、中、西部地区捆绑规定的情况占比（%）

地区	地区不存在捆绑规定	地区存在捆绑规定	
		合理	不合理
东部	26.00	16.67	57.33
中部	50.56	31.60	17.84
西部	43.72	17.66	38.62

数据来源：本课题组调研搜集整理得到。

(三)参保缺乏激励机制，青年农民参保积极性不高

由于不强制要求所有农民缴费参保，“新农保”的“逆选择”现象非常突出，限于小农意识和对保险的认知不足等因素，农民群体往往更加偏重眼前得失而忽视长远利益。60 岁及以上的农民由于能够即时获利，参保热情极高；相当一部分 55—59 岁的农民存有 60 周岁以后再参保直接领取养老金的想法，以节省保费支出。从表 5.5 可以看出西、中、东部地区大约 80%的农村居民只愿意缴纳最低期限 15 年，仅有 20%愿意缴纳 15 年以上；中青年农民距离 60 岁的年龄差大于 15 年，考虑保费问题，认为自己暂时没有必要参加养老保险，因而参保积极性并不高；相对而言，年满 45 岁的农民完成 15 年的最低缴费期限即可领取养老金，参保需求较为强烈。

表 5.5　2017 年东、中、西部地区农村居民愿意缴费期限占比(%)

地区	愿意缴费期限	
	15 年	15 年以上
东部	79.33	20.67
中部	81.13	18.87
西部	81.98	18.02

数据来源：本课题组调研搜集整理得到。

因此，如何激励中青年农民参保，努力提高制度覆盖率，应该是“新农保”制度急需解决的重要课题。

(四)部分补贴环节随意性较大，缺少刚性约束

首先，关于筹资机制中的“集体补贴”部分，不管是国发〔2009〕32 号，还是西部各省份的“新农保”文件中，虽然都将集体补贴列为筹资渠道之一，但对于集体补助部分的具体实施方法和补助水平，都没有作出明确规定。这就导致集体补助部分在大部分地区“名存实亡”，无法落到实处。其次，在较高档次缴费补贴和缴费困难群体补贴环节，部分省份的相关文件也出现了类似于“具体补贴办法(标准)由各市级政府制定”的非刚性约束。而在非刚性约束下，市、县级财政能否及时、持续的发放补贴存在疑问，在贫困地区尤为突出，这种状况显然不利于“新农保”政策的普及和实施。

五、“城乡保”制度下政府制度设计责任的变动

“新农保”实施后的几年中，我国有些省份开始尝试将“新农保”和“城居

保”并轨，实现两者的统筹管理。2014 年 2 月，国务院出台《国务院关于建立统一的城乡居民基本养老保险制度的意见》（以下简称国发〔2014〕8 号），统一“新农保”和“城居保”，建立城乡居民基本养老保险制度，迎来城镇居民和农村居民享有相同的养老保险政策的时代。“城乡保”制度下，中央和地方政府的制度设计都有一定变动。

(一)中央政府层面制度设计责任的变动

根据国发〔2014〕8 号文件，相比于“新农保”，“城乡保”制度下中央政府承担的制度设计责任主要有以下变动：第一，在任务目标上，提出要在 2020 年前在全国范围内建立统一的城乡居民养老保险制度；第二，在缴费档次的设计方面，为参保农民提供了七种缴费档次，即从 600—1000 元区间内设五个档次和 1500 元与 2000 元两个档次，使得农民群体和城镇居民同样享有获取高额养老金的机会；第三，如果参保农民选择中等及以上缴费档次，则政府需要给参保者以最低每人 60 元/年的保费补贴，相比于“新农保”，地方政府承担了更多支付保费补贴的任务；第四，在养老金领取条件方面，对于年满 60 岁的农民，废除了其子女也需参保的规定，有效提高了制度的覆盖面；第五，对于死亡农民，鼓励对其家属提供丧葬补助金，体现了对死亡农民家庭的保障。

(二)西部地区地方政府层面制度设计责任的变动

根据国发〔2014〕8 号文件，我国西部各地区先后出台了“城乡保”制度实施的具体规定和办法。在与中央文件保持一致的基础上，西部地区地方政府的制度设计变化大概包含了以下几点。

1. 缴费档次设计

在缴费档次设计上，广西、宁夏等六地都沿用了中央政府的规定；四川、新疆等省、自治区则增加了 1200 元、2500 元、3000 元等 1—2 个缴费档次(具体参见后文中的表 5.12)。值得一提的是西藏自治区的缴费档次设计：2000—3000 元区间内，每 100 元设一个缴费档次，缴纳多少保费由参保者自己决定。

2. 补贴层次安排

“新农保”制度下，西部省份的入口补贴分为基本缴费补贴和较高档次缴费补贴，在补贴层次的安排上有明显区别，例如云南和甘肃两省，省级财政只承担基本缴费补贴的全部责任，而较高档次缴费补贴完全由市县级财政负责。“城乡保”制度下的补贴层次安排则弱化了这一区别。除青海省外，其余西部省份对于任意档次的缴费补贴，都是由省级财政和市县级财政共同分担。

3. 增设补助项目

相比于“新农保”，西部部分省份的“城乡保”增设了一些新的补助项目。具有代表性的有以下几项：一是重庆直辖市的丧葬补助金，“在 2015 年 1 月 1 日后死亡的中青年参保人员，给其法定继承人或指定受益人发给丧葬补助金”；二是甘肃省的高龄老年人生活补贴，其不再单独发放，而是作为养老金的一部分，随养老金一起发放，并且明确了不同年龄段的高龄老年人补贴的发放标准；三是宁夏回族自治区的村干部补贴和农村计划生育独生子女户、两女户和“少生快富”户的补贴政策。

第二节 政府的财政责任

一、政府承担财政责任的方式

从国际视角来看，政府在农村养老保障体系建设中承担财政责任的方式主要有三种：一是直接财政补贴，即政府直接从国家财政收入中拨款形成农村养老保险基金，这一模式中，资金绝大部分来自政府财政；二是间接财政补贴，即政府并不从国家财政收入中直接划拨款项，而是利用各种财政收入渠道为农村养老保险筹资，具体方式有征收特种税、行业转移补贴、国有资产收益转化等；三是税收优惠，主要是通过减免税赋的方式稳定农民收入，增加养老资金来源。当前，“新农保”中政府承担的财政责任，应该属于直接财政补贴，同时要求农民自己缴费。

二、“新农保”制度下中央政府承担的财政责任

“新农保”制度下中央政府承担的财政责任，集中表现在“出口补贴”方面，即对农民获得的养老金待遇提供补贴。“新农保”的基础养老金部分完全由政府承担，除东部地区的地方政府需承担 50%的补贴责任外，其余全由中央政府负责提供。对于入口部分，即农民缴费部分的补贴，中央政府不承担责任，而是交由地方财政制定具体的补贴标准并承担财政出资责任。具体情况见表 5.6。

表 5.6 中央政府的“新农保”补贴状况

	缴费环节(入口)			给付环节(出口)		
	基本缴费补贴	较高档次缴费补贴	缴费困难群体	最低标准基础养老金		提高和加发部分的基础养老金
				东部地区	中西部地区	
中央财政	不补	不补	不补	补助 50%	补助 100%	不补

资料来源：国发〔2009〕32 号文件。

可以看出，中央政府为中西部地区提供的财政补贴远远超过了东部地区，免去了中西部地区最低标准基础养老金的财政补贴责任，减轻了负担。因此，中央政府对西部地区的“新农保”补贴责任主要集中在出口补贴环节。

三、“新农保”制度下西部地区地方政府承担的财政责任

(一)基本缴费补贴

表 5.7 整理了我国西部各省份基本缴费的补贴情况。在西部地区，各省政府设置的最低缴费标准为每人 100 元/年，政府最少补贴 30 元。但是不同省份中，各级财政补贴比例差异明显：西藏、青海、云南、甘肃、广西、宁夏、新疆 7 省(区)由省级财政承担了超过 50%的补贴责任，其中云南和甘肃完全由省级财政提供此部分补贴，免去了市县级财政的补贴责任；而内蒙古、四川、陕西等 3 省则是由省级和市县级财政各承担 50%；宁夏、新疆、重庆等 3 省将全省根据经济实力和财政实力划分为不同的区域，分区域实行不同比例的补贴。在基本缴费补贴环节，西部各省中省级财政责任最轻的是贵州省，仅承担三分之一的补贴责任。

表 5.7 西部各省基本缴费补贴具体比例分配表

		省级财政	市级财政	县级财政
四川、内蒙古、陕西		50%	50%	
贵州		1/3	1/3	1/3
广西		60%	20%	20%
云南、甘肃		100%	0	0
西藏		80%	10%	10%
青海		80%	20%	
宁夏	川区	2/3	1/3	
	山区	5/6	1/6	
新疆	贫困县、边境县	100%	0%	
	其他区县	60%	40%	

续表

		省级财政	市级财政	县级财政
重庆	主城区	20%	80%	
	贫困县	70%	30%	
	其他区县	50%	50%	

资料来源：根据2009年左右西部12省份相继出台的“新农保”相关政策文件整理得出。

(二)较高缴费档次额外补贴

表5.8整理了“新农保”制度下我国西部各省份较高缴费档次额外补贴的情况。从表中可以看出，四川、内蒙古、广西、陕西、青海、宁夏6省份实施多缴多得的原则，即缴费档次越高，可以领取的补贴越多。其中，宁夏的补贴力度最大，如果农民选择了500元的缴费档次，最多可领取40元/年的补贴资金；云南、甘肃两省在省文件中均提出由市县级政府给予鼓励性补贴并制定具体办法，可能是基于省级财政已经承担了100%基本缴费补贴的考虑；重庆、贵州、西藏、新疆四省份在“新农保”政策文件中均未体现此部分补贴内容。

表5.8　西部各省份较高缴费档次额外补贴　［单位：元/(年·人)］

省份	200元	300元	400元	500元及以上	补贴责任分配
四川	0	5	10	15	省财政50%，市县级财政50%
内蒙古	5	10	15	20	省财政50%，市县级财政50%
广西	5	10	15	20	省财政60%，市县级各20%
陕西	0	10	15	20	省财政50%，市县级财政50%
青海	5	10	15	10	完全由试点地区财政承担
宁夏	10	20	30	40	省财政50%，市县级财政50%
云南、甘肃	由市县级政府给予鼓励性补贴，无刚性约束				
重庆、贵州、西藏、新疆	政策文件中未提及				

资料来源：作者根据2009年前后西部12省份相继出台的“新农保”相关政策文件整理得出。

(三)缴费困难群体补贴

表5.9从缴费困难群体范围、补贴标准、补贴责任主体三个方面总结了我国西部12省份的缴费困难群体补贴政策。缴费困难群体范围方面，各省份都遵从国家文件规定，对农村重度残疾人提供一定的基本缴费补贴(大部分省份补贴标准是每人100元/年)，在此基础上，宁夏、广西、陕西、内蒙古将农村低保家庭、五保供养对象或者中轻度残疾人视作缴费困难人群，并给予相应补贴；补贴标准

方面，大多数地区提供了每人 100 元/年的补贴标准，但也有例外，如重庆市的补贴标准只有 70 元/年，贵州、广西等则针对不同的困难群体确定不同的补贴标准，而甘肃、四川未明确补贴标准，交由市级政府制定；补贴责任主体方面，不同省份之间差异较大，具体安排见表 5.9。

表 5.9 西部各省份缴费困难群体补贴

省份	缴费困难群体范围	补贴标准	补贴责任主体
四川	农村重度残疾人	由市级政府制定补贴政策，无刚性规定	市县级财政
贵州	农村重度残疾人	无低保：50 元/年 有低保：100 元/年	县级财政
内蒙古	农村重度残疾人、农村牧区低保户	100 元/年	未明确
广西	重度残疾人、五保供养对象	最低档次缴费补贴 130 元/年，其余档次不补贴	省级财政 70%，市级 10%，县级 20%
	农村低保对象	最低档次缴费补贴 80 元/年，其余档次不补贴	
陕西	农村重度残疾人	100 元/年	省级财政
	农村中度、轻度残疾人	给予适当补贴，无刚性规定	市县级财政
云南	农村重度残疾人	100 元/年	省级财政
	其他缴费困难群体	给予适当补贴，无刚性规定	市县级财政
西藏	农村重度残疾人	100 元/年	省级财政 80%，市县级各 10%
甘肃	农村重度残疾人等	由市级政府制定补贴政策，无刚性规定	市县级财政
青海	农村重度残疾人	100 元/年	省级财政 80%，试点地区 20%
宁夏	川区农村重度残疾人	100 元/年	省级财政 50%，试点地区 50%
	山区农村重度残疾人	100 元/年	省级财政 70%，试点地区 30%
	农村低保家庭	50 元/年	省级财政 50%，试点地区 50%
重庆	农村重度残疾人	70 元/年	同“基本缴费补贴”
新疆	农村重度残疾人	50 元/年	省级财政

资料来源：作者根据 2009 年前后西部 12 省相继出台的“新农保”相关政策文件整理得出。

（四）基础养老金补贴

基础养老金补贴方面，各省份差异不大。重庆的基础养老金最高，达到了 80 元/月，其他地区大多是 55 元/月，且国务院试点地区，由中央提供补贴，地方财政不负责，省级试点地区由省级（云南）或市县级财政（陕西）承担补贴。对于 55 元以上的加发部分，各省均将补贴责任下放到市县级财政，但大部分省份对于加发的额度无刚性约束，只有内蒙古和陕西的政策文件规定了年龄和发放标准。

四、西部地区“新农保”地方财政补贴负担测算

(一)年补贴额的测算

本书将年补贴额的计算公式设定为：年补贴额=入口补贴×缴费参保人数+出口补贴×领取养老金人数，领取养老金人数是参加“新农保”并年过60的人口数；缴费参保人数是指按年缴纳“新农保”保费的人口数量；且计算时只考虑各省份确定的基本缴费补贴，不考虑其他补贴项目。

鉴于仅2010年、2011年有单独的“新农保”缴费参保人数和领取养老金人数数据(从2012年开始《中国人力资源和社会保障年鉴》将城乡养老保险的相关数据合并在一起统计)，因此只选取这两个年份的数据进行分析，具体补贴额如表5.10所示。

表5.10 西部地区各省份年补贴额测算值

省份	缴费参保人数/万人		领取养老金人数/万人		地方财政补贴额/万元	
	2010年	2011年	2010年	2011年	2010年	2011年
内蒙古	168.8	290	41.8	71.7	5064	8700
广西	220.4	796.1	59.6	275.6	6612	23883
重庆	807.4	1125.1	265	347.7	30847	42445.5
四川	669.6	1514.4	199.6	623.1	20088	45432
贵州	223.9	834.5	63.5	310.7	6717	25035
云南	469.4	1247.9	91.7	253.3	14082	37437
西藏	80.5	119.1	23.5	20.1	2415	3573
陕西	439.7	1277.5	97	283.5	13191	38325
甘肃	185.5	781.6	38	159.1	5565	23448
青海	65.1	177	16.8	33.1	1953	5310
宁夏	24.7	175.1	4.7	33.7	741	5253
新疆	357.9	490.6	58	84.7	10737	14718

数据来源：《2011—2012年中国人力资源和社会保障年鉴》。

(二)财政负担分析

本书以“地方财政补贴额占地方财政收入的比重”来衡量各省份在“新农保”补贴方面的财政负担，计算结果如表5.11所示。

表 5.11 西部地区各省份年“新农保”财政补贴负担

省份	地方财政收入/万元		地方财政补贴额/万元		地方财政补贴额占地方财政收入的比重/%	
	2010 年	2011 年	2010 年	2011 年	2010 年	2011 年
内蒙古	1069.98	1356.67	5064	8700	0.047328	0.06412761
广西	771.99	947.72	6612	23883	0.0856488	0.25200481
重庆	952.07	1488.33	30847	42445.5	0.3239993	0.28518877
四川	1561.67	2044.79	20088	45432	0.1286315	0.22218419
贵州	533.73	773.08	6717	25035	0.1258501	0.32383453
云南	871.19	1111.16	14082	37437	0.161641	0.33691818
西藏	36.65	54.76	2415	3573	0.6589359	0.65248357
陕西	958.21	1500.18	13191	38325	0.1376629	0.25546934
甘肃	353.58	450.12	5565	23448	0.1573901	0.52092775
青海	110.22	151.81	1953	5310	0.1771911	0.34977933
宁夏	153.55	219.98	741	5253	0.0482579	0.23879444
新疆	500.58	720.43	10737	14718	0.2144912	0.20429466

注：本表中地方财政收入数据来源于《中国财政年鉴》。

从表 5.11 中可以看出，虽然中央对西部各省份的补贴政策相同，但西部各省份的财政负担仍有明显差异：其中，内蒙古的财政负担最轻，只有 0.047328%、0.06412761%；西藏的财政负担最重，高达 0.6%以上。分析其原因，既有参保率和农民人口数量的因素，也有地方财政收入的因素。因此，我国中央财政补贴政策未能很好地均衡西部地区各省份的财政负担，依然存在不足之处。

五、“城乡保”制度下政府财政责任的变动

根据国发〔2014〕8 号文件，与“新农保”比较而言，“城乡保”制度中中央政府提供的财政补贴数额和方式基本不变，依然是以出口补贴为主，基本不承担入口方面的补贴责任。然而，西部各省份地方政府提供的财政补贴数额和方式差异明显，尤其是在缴费补贴方面。

“城乡保”制度下西部各省的缴费补贴情况及责任分配如表 5.12 所示。对比表 5.7 和表 5.8，主要有以下几方面变化：一是明确了较高缴费档次的补贴数额及责任分配。“新农保”制度下云南、甘肃两省将较高缴费档次的补贴责任完全交由市县级财政承担，新疆等 4 省份的文件更是没有提及这方面的内容。而“城乡保”制度下西部各省份都对各缴费档次相应的补贴数额做了详细规定，减少了非刚性约束。二是补贴力度有所增加。例如对于 500 元的缴费档次，“新农保”制

度下各省的补贴额均未超过 50 元[①]，而“城乡保”制度下补贴额在 60—70 元。500 元以上的缴费档次，“城乡保”的补贴数额最多可达 200 元。此外，部分省份提高了最低补贴水平，上涨幅度 10—20 元不等。三是西部各省份之间的补贴水平差距进一步加大。新疆在 100—400 元缴费档次的补贴标准远高于平均水平，说明新疆非常重视对于贫困农民的保障；青海省在 600—1000 元缴费档次的补贴也明显高于其他省份，这能激励参保农民缴纳高档次的保费；相反地，贵州、甘肃两省的补贴水准则明显低于平均水平，尤其是在高缴费档次上。补贴水平差距加大会加重不同地区之间“城乡保”发展的不平衡。四是部分省份的省级财政承担了更多责任，青海省是典型代表。“新农保”制度下青海省省级财政只承担了基本缴费补贴，较高档次额外补贴则完全由市县级财政承担。但“城乡保”制度下，青海省的省级财政要承担 80%的补贴责任。

表 5.12　西部地区各省份“城乡保”的缴费补贴及责任分配　（单位：元）

省份	缴费档次									
	100	200	300	400	500	600	700	800	900	1000
四川	40	40	45	50	60	60	65	70	75	80
贵州	30	30	30	30	60	60	60	60	60	90
内蒙古	30	35	40	45	60	65	70	75	80	85
广西	30	40	50	55	60	65	70	75	80	80
陕西	30	30	40	45	60	65	70	75	80	100
云南	30	40	50	60	70	80	90	100	100	100
西藏	40	45	50	55	60	65	70	75	80	85
甘肃	30	30	30	30	60	60	60	60	60	60
青海	30	40	50	60	70	85	100	115	130	145
宁夏	30	40	50	60	70	80	90	100	110	120
新疆	50	55	60	65	70	75	80	85	90	95
重庆	30	40	50	60	70	80	90	100	110	120

省份	缴费档次					补贴责任分配
	1200	1500	2000	2500	3000	
四川		100	120		160	省级和市县级财政各 50%
贵州	90	90	90			省、市、县级各承担三分之一
内蒙古		85	85		85	省级 50%，盟市至少 25%
广西		80	80			省级财政承担至少 60%
陕西		150	200			省级和市县级财政各 50%
云南		100	100			省级和市县级财政各 50%

① 根据表 5.5 计算得出。

续表

省份	缴费档次					补贴责任分配
	1200	1500	2000	2500	3000	
西藏		90	95	95	95	省级 80%，市县级各 10%
甘肃		60	60			省级 100%
青海		165	185			省级 80%，市县级 20%
宁夏		160	200			省级财政承担至少 50%
新疆		100	105	110	120	未明确
重庆		130	140			未明确

资料来源：根据 2014 年前后西部 12 省份相继出台的“城乡保”相关政策文件整理得出。

总体而言，“城乡保”制度下政府财政责任的变动有一定积极意义，如减少了补贴的随意性，分配比例更加合理。然而，不同地区之间政府提供的补贴数额存在较大差异，这对进一步推动西部甚至全国范围的“城乡保”的均衡发展，提出了重要挑战。

六、改进建议

（一）将农村人口和财政收入因素纳入考虑范围，细化中央补贴政策

一方面，从长远来看，农村人口较多的地区，地方财政将面临沉重的“新农保”财政补贴负担；另一方面，财政收入较低的地区，在“新农保”的补贴和推广方面往往有心无力。因此，中央补贴政策应进一步细化，尽可能对农村人口较多、财政收入较低的省份加大补贴力度。

（二）减少非刚性约束，明确各级政府补贴责任

前文已经提到过，在较高档次缴费补贴、入口补贴以及特殊群体补贴环节，不少省份的相关文件中，出现了类似于“具体补贴办法（标准）由各市县级政府制定”的非刚性约束。这种非刚性约束带来的结果，就是财政收入较低的市级和县级政府，在“新农保”的推广和补贴中缺少积极性和主动性，如怠于对缴费困难群体的补贴，甚至可能会出现限制农民投保档次的情况。因此，各地在设计“新农保”补贴政策时，应在考虑各地财力的基础上，尽可能明确各补贴环节各级地方政府的财政责任和具体比例，以减少补贴不到位情况的发生，增加补贴的有效性和持续性。

(三)合理分配补贴比例，实现财权、事权相匹配

从前文的资料中可以看出，各省份都下放了部分补贴事权。然而，部分省份的下放程度过大，很容易导致财政事权不匹配。如贵州省将多达三分之二的基本缴费补贴责任下放给市级和县级财政，自身只承担三分之一。这样的补贴比例安排，虽然减轻了省级财政压力，但是将加重基层政府的财政负担。因此，本书认为，省级财政应按照财权与事权相匹配的原则，合理分配补贴比例，均衡各级财政负担。

(四)完善农村养老保障资金筹集给付机制

从前文的资料中可以看出，尽管各级政府积极分担财政补贴压力，但补贴不到位、不及时、效果较差的现象依然存在。其中，农村养老保障资金的给付机制不健全是重要原因。因此，政府在承担财政责任的同时，还要完善给付制度。

1. 维护政府财政责任制度的长期性、稳定性、持续性

(1)完善政府事权与财政责任匹配的法律体系。

政府要制定《财政基本法》，明确事权与财政责任的法定原则，明晰中央政府与地方政府、地方政府间分权关系和财政管理体制关系，并对政府部门承担的具体事权和财政责任给予详细规定，从而明确政府各部门的职能范围，明确各项内容的财政责任主体。通过完善立法，减少政府职能“越位”与“缺位”的现象，使政府各部门需承担的事权与财政责任相匹配(李俊生　等，2014)。

(2)明确政府事权与财政责任划分。

政府事权与财政责任的合理划分需要因地制宜，综合考虑。如将关系到全国总体大局的事务适度上移，强化上级事权，同时下放与地方经济社会发展息息相关的事务。在同级政府中要坚持一项事权由一个部门负责，多个部门共同履行事权，须明确事权主体部门[①]。对于新增事权，要依据外部性原则，及时确定由哪级政府哪个部门履行事权，承担财政责任，避免因责任不明确、人事突然变动而导致各部门互相推诿。此外，政府还要建立财政责任监督机制，设置具体机构对各项资金的申请、拨款、流向进行实时监控，防止挪用、截留转移支付资金，人为造成拨款不公平；明确各级政府事权与财政责任划分，促进财政责任制度的稳定与可持续发展。

2. 建立基础养老金动态调整机制

近年来，随着“新农保”的开展，基础养老金给付标准也不断上涨，已经实

① 资料来源：江门市财政局 http://www.jiangmen.gov.cn/szdwzt/czj/.

现连续“13 涨”[①]。养老金标准的不断提高给农民带来了实实在在的利益，也吸引了很多农民参与其中。但是，基础养老金的动态调整机制仍然缺乏，人们更愿意相信即时的现金流，这对于农村养老保障体系的建设完善和长期健康发展是极为不利的。因此，中央政府应做好宏观政策设计，尽快制定比较统一的标准，建立基本养老金动态调整机制，使全体人民群众都可以享受经济发展带来的成果。

3. 建立固定费率的个人账户缴费机制

党的十八届三中全会提出：“坚持社会统筹和个人账户相结合的基本养老保险制度，完善个人账户制度，健全多缴多得激励机制，确保参保人权益，实现基础养老金全国统筹，坚持精算平衡原则。”（卢纯佶 等，2014）因此，政府应该积极促进个人账户缴费机制的建立和完善，遵循公平与效率的原则，多缴多得，长缴多得。人民群众可根据家庭收入状况选择适合的缴费标准。实行固定费率缴费制所能获得的整体给付水平比原有的固定金额缴费制要高，并且随着经济的发展而有所上涨，这将有利于提高人民群众参保的积极性与热情。

第三节 政府的管理责任

一、政府社会保障管理模式分类

目前，理论界将社会保障管理的模式概括为以下三种：一是集中管理，即将养老、失业、医疗、工伤等各种社会保障项目纳入同一个管理体系，由中央政府统一决策、统一执行财政预算和调配资金。这一模式在提高管理效率、降低管理成本、调剂项目资金、提高监管效果等方面优势突出，但也存在受行政干预过多等问题。二是分散管理，不同政府部门对各自下辖的社保项目进行管理，每个项目都有一套管理机构，尤其是在资金运营方面，采取严格独立化管理，不允许混淆使用。这一模式下，各项管理法规的制定更加详尽合理、应变能力和调整能力强，但是管理成本居高不下，并且业务存在交叉重复。三是集散结合管理，对所有社保项目进行分类，集中管理其中共性明显的项目，而对于个性化特征较强的项目则采取分散管理的方式。这一模式在实现规模效益，增强互济性的同时，又实现了管理成本和管理效益的均衡。我国的“新农保”和“城乡保”管理体制、管理机构并未完全合一，分散化特征明显，应该属于分散管理体制。

① 资料来源：中华人民共和国中央人民政府 http://www.gov.cn/index.htm.

二、“新农保”制度中的政府管理现状

当前，“新农保”的管理体制按照垂直层级划分，可分为中央、省级、市级、县级、乡镇级、村级六个层次。在横向职能上可划分为行政机构和业务执行机构两类部门，前者承担政策制定、发布与处理行政事务的工作，后者则负责具体的政策执行落实和经办管理。

行政机构上，中央层面，国务院下设农村社会保险司；地方层面，省级社保部门增设农村社会保险处，市级社保部门下设“新农保”管理服务局，县级社保部门设有“新农保”管理服务中心，乡镇、村、街道(社区)设有“新农保”经办机构，形成了自上而下统一、完整的组织层级结构。

在各级政府，农保的经办执行机构名称各不相同，职能也不同。在中央级政府部门，设有社会保险事业管理中心；在省级和市级政府部门，设有农保中心；在县一级，设有农村社会保险管理中心或农保中心；在乡镇，设有负责农保经办业务的社会保障所或农保站；在行政村没有专门机构，但有专人经办管理。

从中央到地方，“新农保”管理机构的整体架构如图 5.1 所示。

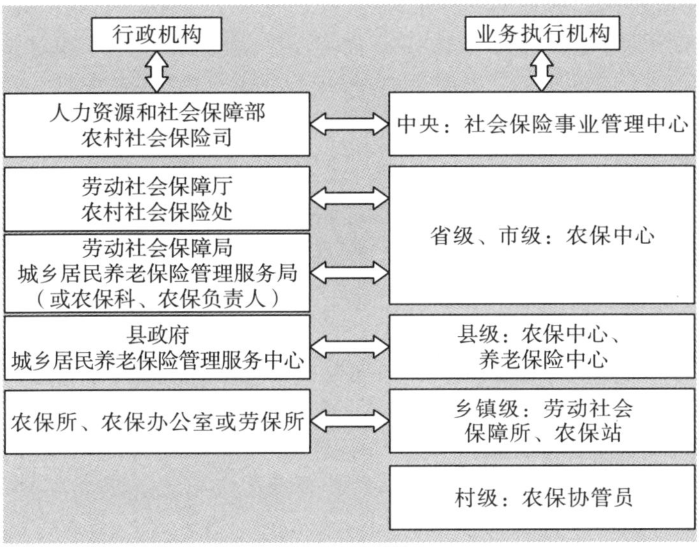

图 5.1　“新农保”管理体制示意图

三、“新农保”制度中政府管理存在的问题

(一)基金管理运营水平较低

我国西部各地的经济发展水平仍急需提高，因而“新农保”基金管理的市场环境并不乐观，并且尚未形成完善的财务会计制度和业务规章，管理水平相对较低。同时，即使有相关的优惠政策，西部地区对于优秀人才的吸引力依然有限，基金投资人才紧缺。因此，西部地区的“新农保”基金极少涉足房产、股票等高风险高收益的投资领域，而是大量存入银行，整体投资收益率较低，这无疑很难化解物价上涨带来的基金贬值问题。“新农保”基金如何实现保值增值，将是其管理制度发展面临的重要课题。

(二)基层经办能力差

从全国来看，农村养老保险基层管理机构存在“小马拉大车”的矛盾，即经办人员少而任务繁重。主要原因有：一是基层基础设施较为落后，如表 5.13 所示，乡镇一级，仅有 42%的“新农保”经办机构设有单独的办公场所，剩余的 58%只能和其他单位合用；二是经办人员的数量严重不足，如表 5.13 所示，乡镇一级的“新农保”服务站点平均员工人数仅有 2.3 人，却承担了为当地几千名农民办理保险的服务工作；三是基层工作者的专业化水平和工作热情有限，多数行政村的协管员缺少专门的选拔流程，甚至直接由村干部兼任或者由村书记委任，同时部分地区没有提供协管员岗位的相关补贴，甚至需要协管员自己贴钱，这使绝大部分人不愿承担并开展“新农保”协管工作；四是信息化水平偏低，目前不少基层地区的经办工作还主要依赖手工操作，信息网络化程度较低，经办效率低。这些原因严重制约着基层经办能力的提升。

表 5.13　农保县级以下平台和队伍建设情况(2011 年)

级别	职能划分、工作人员情况		
县级 (2291 个)	由农保经办机构负责的有 1080 个(47.14%)	由职工养老保险经办机构负责的有 1008 个(44.00%)	由社保行政部门负责的有 203 个(8.86%)
乡镇级 (26383 个)	由劳动保障所负责的有 21199 个(80.35%)	由单设农保站点负责的有 2484 个(9.42%)	由其他方式经办的有 2700 个(10.23%)
	有单独办公场所的：11172 个(42%)；		
	与其他单位合用：15211 个(58%)		
	工作人员 60671 人(44%)，专职：31629 人(52%)，兼职 29042 人(48%)，平均每个站点 2.3 人		
行政村级	协管人员：44618 人(8%)		

资料来源：刘洪清. “最后一公里”创新之约——新农保经办服务网络建设透视[J]. 中国社会保障，2012，10：14-18.

西部地区的“新农保”管理服务不足更为突出：一是西部地区为农民提供服务的金融机构与网点较少。相关调查显示，在中央还未开展“新农保”时，全国仍有部分乡镇没有被任何金融机构服务网点覆盖，其中 80%的乡镇均位于西部地区。二是尽管西部地区多数乡镇建有劳动保障所，但没有配备专职人员，业务均由其他工作人员兼办。由表 5.14 可以看出 13.91%的农民对新农保工作人员的工作非常满意，49.11%比较满意，22.78%一般满意，14.20%非常不满意。总体来看，大部分农民对新农保工作人员的工作服务不是很满意。这是因为工作人员的业务能力有限，兼办新农保工作，工作负担较重，专业水平不高，容易造成相关业务问题，引起农民不满。三是西部地区养老保险服务主要依靠手工作业，效率较低。西部地区农民居住十分分散，现代化的网络信息服务系统未能建立，农民了解“新农保”条款，参保缴费、领取待遇等都需要亲自到村委会找工作人员办理，整个过程纯手工操作，服务效率难以提高。

表 5.14 西部地区农民对新农保工作人员的满意程度

对新农保工作人员的满意程度	各自比例/%
非常满意	13.91
比较满意	49.11
一般满意	22.78
非常不满意	14.20

数据来源：本课题组调研搜集整理得到。

（三）“碎片化”现象严重，阻碍“城乡保”统筹管理

西部地区的养老保险管理机构设置分散、管理较为混乱，缺乏统一的管理系统，这无疑不利于我国“城乡保”的统筹管理。一方面，机构“碎片化”。例如，同一地区，既有“新农保”经办机构，又有城镇社保经办中心等其他类似机构。各机构间利益割据、权责混乱，一旦出现问题，则相互推诿。这严重影响了参保农民的利益，也大大降低了养老机构的服务效率，最终会阻碍“城乡保”的统筹管理。另一方面，管理“碎片化”。西部地区各省份的养老保险发展差异较大，各地区的缴费档次与养老待遇、管理机构等各不相同，也没有通过互联网对各省份信息系统进行统一管理，各省份甚至某些市县都有单独的一套管理模式，这加大了实现全国统筹的难度。

四、改进建议

(一)提高基金统筹层次，引入市场机制，实现基金保值增值

目前多数专家认为统筹层次不高与投资渠道狭窄，是“新农保”基金管理面临的关键问题。因此，加强管理，提高基金统筹层次，避免“碎片化”管理方式，充实基金数额，拓宽投资渠道，是解决基金管理问题的有效良方。“城乡保”制度中，基金省级统筹替代了“新农保”中的县级统筹，使统筹层次过低的现状有了初步缓解，但从省级统筹到全国统筹仍有不少距离。另外，针对西部地区投资人才缺失和金融市场不完善、投资渠道受限的问题，应在强化优惠政策以吸引优秀人才的同时，逐步引入市场机制，和商业保险公司等专业金融机构开展合作，合理评估投资对象，平衡收益和风险，使基金不断升值。

(二)加大人力、财力、物力的投入，提高业务经办能力

针对当前西部地区基层经办能力较差的客观现状，应加大人财物力的投入，增强其经办管理能力。第一，增强信息化管理能力，提高“城乡保”经办设施和人员的信息化水平，尽快实现相关业务网上操作和办理，尽早完成“金保工程”；第二，加大对“城乡保”的基础设施投入，重视服务网点搭建，不断下沉和铺开服务网点，设立“城乡保”专用的独立办公场所，并配备相应设施；第三，积极培育软环境，加大对西部地区“城乡保”管理人员的筛选、培训，提高业务素养，合理安排薪酬，构建完整的聘用和考评机制；第四，拓展服务方式，例如在地方财政较充裕的西部地区，通过政府购买，适当引入市场化服务机制，提高经办效率；第五，提供专门服务，针对西部地区农户居住分散且交通不便的特点，配备劳动保障专用车辆，对一区独户，可进行长期跟踪服务，改善业务经办情况。

(三)坚持政事分离，建立独立的“城乡保”管理机构

依照政事分离的原则，建立独立于政府行政机构的“城乡保”管理中心。据国发〔2014〕8号文件，相对于“新农保”的县级统筹，“城乡保”将施行省级统筹的基金管理运营方式，提高基金管理效率。但从长期趋势来看，“城乡保”必定要发展成为全国统筹。目前，由于各地差异明显，短期内实现全国统筹难度较大，可以先实行省内统一，再实行全国一体化的方式循序渐进。省级统筹下，可以设立省级“城乡保”管理中心，作为统一管理的业务机构，独立于政府机构之外。“城乡保”管理中心与当地行政机构应该是一种横向业务合作关系而非垂直管理关系，当地行政机构无权干涉其业务活动和资金运营，实现政事分离。

(四)完善特殊群体养老保险制度衔接机制

“城乡保”制度出台后，如何早日实现“城乡一体化”成为重要课题。其中，首先要完善特殊群体的养老保险衔接机制，加快原农民工养老保险与现行“城乡保”的制度衔接，给西部农民工提供完善的养老保障。

第四节　政府的监管责任

一、“城乡保”制度中政府的监管体系

我国“城乡保”基金的监管体系主要由行政监管、法制监管和社会监管及内部控制组成。具体而言，“城乡保”基金的行政监管体系较为复杂，以人力资源和社会保障主管部门的监管为主体，辅以财政部门和审计部门的财政监管和审计监督。法制监管即国家司法部门的依法监管。社会监管的内涵广泛，主要是借助社会团体和人民群众的力量实现对“城乡保”的监管，具体包括民间审计、媒体披露、信访举报等。内部控制主要指“城乡保”经办机构内部控制，即为了保证基金安全并实现较高收益、保证各项信息的真实性和完整性、保证管理目标的达成，经办机构出台和实行相关管理措施和制度。如我国于 2007 年颁布的《社会保险经办机构内部控制暂行办法》，从业务运行控制、内部控制管理等多个方面提出了具体要求，为“城乡保”经办机构内部控制工作的进一步开展提供了方向。

二、“城乡保”制度中政府监管缺位的现状

应该指出，在社保监管方面，我国已经构建了较为完整的监管体系，然而由于“城乡保”在全国均处于起步阶段，监管缺位现象在以下三方面表现得尤为明显。

(一)法制监管有待完善

一是立法层次较低。我国制定的《社会保险法》立法层次较高，但其中相关法律条文较为简单，大部分都是对养老保险建设原则和发展方向的规定，对参保对象、待遇支付方式、政府补贴方式和补贴标准等关键内容未做要求，而国发〔2009〕32 号文件和国发〔2014〕8 号文件的立法层次较低，法律约束力不高，这就容易导致部分地区的相关服务不到位，农民的养老保险诉求无法得到切实的法律保护。二是部分条款没有明确法律责任。例如，“新农保”和“城乡保”文件中，尽管都要求地方财政承担一定补贴责任，然而对地方财政没有尽到相应补

贴责任的法律后果，缺乏具体规定。这些漏洞的存在，极大地削弱了法制监管的有效性，难以维护参保居民的权益。

西部地区各级政府对“城乡保”的法律法规建设也明显不足。以四川宜宾县(现宜宾市叙州区，下同)为例，宜宾县开展“城乡保”工作的主要依据是国发〔2014〕8 号文件，以及省级文件《四川省人民政府关于建立统一的城乡居民基本养老保险制度的实施意见》等，缺少真正的法律依据。这就导致“城乡保”工作在开展过程中无法可依，随意性和盲目性较为明显，进一步加大了国家统一管理的难度。

(二)行政监管主体缺位

根据国发〔2014〕8 号文件第十条，我国“城乡保”行政监管的主体主要是社保部门、财政部门和审计部门。但从历史来看，以上部门出现内部官员“执法犯法”、违规挪用社保基金、以权谋私的案件不在少数。一方面，我国现行的行政监管，实际上可以看作是一个利益共同体的“内部监管”，属于“左手监管右手”的模式，因而监管主体自身的违法行为屡禁不止。另一方面，由于是“多主体监管”，各主体之间容易出现利益割据、职责不清和相互推诿的现象。总体而言，需要针对“城乡保”的运营基金，明确监管机构和责任主体，解决行政监管主体缺位的问题。

(三)社会监管不足

完善的监管体系应同时包括内部监管和外部监管。同样，以四川省宜宾县为例，宜宾县对于内部监管做了明确安排，不同的监管工作由不同的主管部门负责，界限清晰，如果出现问题就可直接找到监管主体，有效避免了相互推诿的问题。然而，外部监管即社会监管却严重不足：一是民间审计缺失，我国“城乡保”(包括之前的“新农保”)基金的审计历来以政府审计为主，极少使用民间审计。实际上，在社保金的审计方面，民间审计的独立性更强，有更为充分的发挥空间，审计效果更佳。二是国内新闻媒体对“城乡保”制度的关注度不够，对其推进过程中出现的一些不合理现象，并不热衷报道，没有起到很好的舆论监督功能，使得社会监管不足的情况更为严重。

三、改进建议

(一)提高立法层次，明确法律责任，健全法律体系

法制监管方面，针对我国立法层次低、法律责任不明确等问题，应从以下几方面完善法律体系：首先，加快农村养老保险相关法规的研究、设计和出台实施。具体可以仿照农业保险，以国发〔2009〕32 号文件和国发〔2014〕8 号文件为蓝

本，制定一部专门的农村养老保险法，在更高层次的立法中对制度目标、参保对象、筹资模式、政府补贴责任、基金管理等关键内容做出具体规定；其次，在农村养老保险法中，应对相应主体的法律责任做出清晰和具体的界定，如地方政府机构或者经办人员没有按照法定要求提供补贴或者其他农村养老保险服务的，将承担相应法律后果。

对于西部地区而言，可以考虑因地制宜地制定地方性法规，为农民的养老保险权益提供法制保障。

(二)建立专门机构，明确监管主体，完善行政监管

行政监管层面，应改变当前多主体监管模式，实行监管问责制，设立专门机构对“城乡保”基金进行动态专项管理，定期披露相关信息，保障基金安全。

(三)完善信息披露，引进社会力量，加强社会监管

社会监管方面：首先，要加强“城乡保”的信息建设。确保信息公开是监管有效的前提，这不仅有利于社会公众了解“城乡保”基金运营情况，改善公众监管效果，节约监管成本，而且能促进信息流通，提升信息资源的共享和整合能力，同时也有利于参保人和利益相关者对基金运营的监管。其次，要学习国外经验，逐步引入民间审计监管。最后，要强化政府信访工作，充分发挥媒体和社会公众的能量，及时曝光和处理“城乡保”方面的问题。

第五节 西部地区农村其他养老模式中政府的经济责任分析

就当前而言，我国西部地区农村养老保障体系正在不断完善。政府作为重要建设主体，无疑需要承担主要的经济责任。因此，探讨政府在其他各种养老模式中需要承担的经济责任，是本节将要讨论的重要内容。

一、“家庭养老”模式中政府经济责任分析

政府应提供家庭经济补贴，增强家庭养老在社会转型时期的保障作用。西部地区农村经济发展水平有待提高，家庭承受风险的能力相对较弱。因此，以家庭为单位提供津贴，可有效减轻西部地区部分家庭繁重的养老压力。由于家庭内部成员的具体情况有差异，不同家庭的养老负担也有区别。因此，应对家庭进行有效审核，考虑老弱病残、独居等情况，给予维持家庭基本生活开支的平均费用支持。要特别关注有高龄老年人的家庭，加大资金和政策支持，如为其提供启动资金低息或无息贷款，提供税收减免优惠，简化营业执照办理程序等等，鼓励家庭

经济发展。同时，要鼓励和引导家庭养老，为子女发放一定数量的助老资金，巩固西部地区家庭养老的发展成果。

二、“自我养老”模式中政府经济责任分析

在自我养老模式中，政府应当积极完善社会保障体系，使西部地区农民能够在各个阶段积累个人养老资源。尤其是对于依靠土地养老的农民，应该给予政策优惠，以及适当的粮食补贴，降低农民种植成本，同时积极引导西部地区农民科学种植经济作物，提高农业经济效益，保证土地收益，使当地农民能够通过耕种土地或者出租土地等方式满足自己的基本养老需求。此外，在明确土地产权制度后，严格规范农村土地使用范围，严禁征用农村耕地，保障农民土地权益。

三、“商业养老保险”模式中政府经济责任分析

在我国，农民属于防御风险意识和能力比较弱的群体，也是为我国经济建设贡献最大而索取最少的群体(张素琴，2009)。

根据表 5.15 可以看出西中东部地区农民未购买商业养老保险的比例都比较高，相比较而言，西部地区农民未购买商业养老保险的比例最高，达 95.88%，中东部地区分别为 85.23%和 91.66%。因此，政府在扶持商业养老保险业务时，应有所考量，适当向西部地区农村倾斜，给予财政、税收政策的支持。一方面，加大对西部地区农民参与农村商业养老保险的财政补贴力度，提高补贴比例，减轻社会养老保障的负担。另一方面，完善对西部地区农村商业养老保险的税收优惠政策，加大优惠力度，鼓励保险机构向西部地区农村拓展商业养老业务，创新商业养老保险产品，以适应西部农村地区不同收入人群的购买力水平(陈永佳，2010)。

表 5.15　西、中、东部地区农村居民购买商业养老保险的统计

地区	购买商业养老保险/%	未购买商业养老保险/%
西部	4.12	95.88
中部	14.77	85.23
东部	8.34	91.66

数据来源：本课题组调研搜集整理得到。

四、“养老保障服务”模式中政府经济责任分析

针对西部地区提供养老服务的社会组织，政府要给予税收优惠等政策上的支持，并提供一定的资金支持或贷款担保。社会组织本身的公益性和非营利性使其

在运作过程中需要大量资金。政府提供资金支持，使其能够维持并提高养老服务的质量和水平，有利于养老服务的可持续发展。同时，政府还要平衡各地区养老服务的财政投入。针对西部地区和东中部地区的经济差距，城市和农村的发展差距，制定统筹规划，统一养老服务投入标准。此外，政府还应积极发挥引领作用，鼓励、支持社会资本参与西部地区养老服务，发挥公益资金和捐款的作用，形成政府和社会共同投入的多元化格局。

第六章　我国西部地区农村养老保障体系建设中政府的社会责任

近年来，我国西部地区人口老龄化现象日趋严重。2014年，西部地区年满65岁的老年人数量已经达到了2976万人，占西部地区总人数的10.06%①。根据联合国老龄化社会标准②，我国西部地区的人口老龄化问题已十分突出。因此，不断提高制度保障水平，力争养老保险在短期内覆盖到西部地区所有农村居民，是我国政府需要承担的显性社会责任；而确保养老保障制度与传统养老文化的协调发展，加快城乡养老保障制度衔接的顶层设计，是我国政府应该承担的隐性社会责任。为此，本书选择以下四个视角："新农保"与传统养老文化协调发展、"新农保"的适度保障水平、"新农保"的覆盖率和城乡衔接机制来说明政府的社会责任及履行情况。

第一节　西部地区农村适度水平的养老保障分析

通过研究其他国家养老保障体系的变革历程发现，养老保障要处于适度水平，不然，这个国家或地区就会面临过于沉重的财政负担。特别是对我国西部地区的地方政府而言，本来财政收入就很低，过高的养老保障标准只会让财政预算压力更大，当地方财政无法承担时，必将导致制度无法持续运营。同样，过低的保障标准则会使老年人的养老待遇下降，影响老年人的参保率，同时青年人的参保意愿也会大幅度下降，甚至影响地区经济社会的良性发展。所以，养老保障水平能否确定得当，始终是各国政府建设养老保障体系非常关键的一环，尤其是在西部地区人口老龄化如此严峻的当下，其意义更是不言而喻。

---

① 根据《中国统计年鉴2015》相关数据计算整理得到。

② 根据1956年联合国《人口老龄化及其社会经济后果》确定的划分标准。

一、适度水平的养老保障精算模型以及应用

(一)适度水平的养老保障精算模型

养老保障水平是一个相对的衡量指标，用来反映在一个经济体中老年人所享受到的养老服务状况，养老保障水平越高，老年人能够得到的养老待遇就会越高，反之亦然。根据穆怀中(1997)的研究，一个地区的社会保障水平，可以用社会保障费用支出占该地区生产总值的比重来表示。本书据此理论，用农村养老金支出总额占该地区生产总值的比重来衡量该地区的农村养老保障水平。

以下符号含义都仅指西部地区。

O_o：农村养老保障水平

S_o：农村养老金支出总额

O：农村养老金支出占农民收入总额的比重

G：西部地区生产总值

W：农民收入总额

H：劳动生产要素分配系数

P：农村总人口

w：人均农民年收入水平

O_a：农村人口老龄化水平(农村老年人口占总人口的比重)

β：西部地区农村养老金替代率

根据定义，农村养老保障水平应表示如下：

$$O_o=\frac{S_o}{G}=\frac{S_o}{W}\times\frac{W}{G}=O\times H \tag{6.1}$$

又因为

$$O=\frac{O_a\times P\times w\times\beta}{W} \tag{6.2}$$

其中

$$P\times w=W \tag{6.3}$$

将式(6.2)、(6.3)代入式(6.1)得到

$$O_o=O_a\times\beta\times H \tag{6.4}$$

式(6.4)表明，O_a、β、H 共同决定了西部地区农村养老保障水平的高低。总体而言，农村人口老龄化水平 O_a 往往在短期内不可能通过人为方式加以调节，是短期内不能控制的因素。所以想要提高西部地区农村的养老保障水平，应当从提高农村养老金的替代率 β 以及劳动生产要素分配系数 H 入手。

(二)养老保障的适度水平与实际水平的对比分析

依据国际经验，西方发达国家劳动生产要素分配系数多在 70%—80%之间。本书以其中间数字为标准，确定为 75%。根据国际劳工组织的有关规定，付给退休人员的退休金额不得低于退休前工资的 40%，大多数国家都将其养老金的替代率确定在 40%—60%之间。因此，本书将我国西部地区农村养老保障适度水平下的养老金替代率 β 确定为 50%。

通过查找 2004—2015 年的《中国统计年鉴》，计算得到我国西部地区农村人口老龄化水平①O_a，代入式(6.4)，可以得到 2003—2014 年西部地区农村养老保障适度水平。

表 6.1 2003—2014 年西部地区农村养老保障适度水平

年度	西部地区农村人口老龄化水平 O_a	西部地区农村养老保障适度水平下的养老金替代率 β/%	劳动生产要素分配系数 H/%	西部地区农村养老保障适度水平 O_0
2003	0.0750	50	75	0.0281
2004	0.0758	50	75	0.0284
2005	0.0769	50	75	0.0288
2006	0.0793	50	75	0.0297
2007	0.0805	50	75	0.0302
2008	0.0825	50	75	0.0309
2009	0.0847	50	75	0.0318
2010	0.0887	50	75	0.0333
2011	0.0912	50	75	0.0342
2012	0.0939	50	75	0.0352
2013	0.0967	50	75	0.0363
2014	0.1006	50	75	0.0378

数据来源：西部地区农村人口老龄化水平 O_a 是根据 2004—2015 年《中国统计年鉴》整理得到。

根据农村养老保障水平公式可以看出，找到西部部分省份 2003—2014 年内的国内生产总值(表 6.2)以及 2003—2014 年西部地区农村各年度养老金的支出水平(表 6.3)，就可以计算出西部地区农村养老保障水平。2003—2014 年我国西部地区农村养老保障的实际水平如表 6.4 所示。

① 65 岁以上老年人口占农村总人口的比重。

表 6.2　西部部分省份 2003—2014 年的国内生产总值　（单位：亿元）

省份	2003 年	2004 年	2005 年	2006 年	2007 年	2008 年
重庆	2250.56	2665.39	3070.49	3491.57	4122.51	5096.66
四川	5456.32	6556.01	7385.11	8637.81	10505.30	12506.25
贵州	1356.11	1591.90	1979.06	2282.00	2741.90	3333.40
云南	2465.29	2959.48	3472.89	4006.72	4741.31	5700.10
西藏	184.50	211.54	251.21	291.01	342.19	395.91
陕西	2398.58	2883.51	3675.66	4523.74	5465.79	6851.32
甘肃	1304.60	1558.93	1933.98	2276.70	2702.40	3176.11
青海	390.21	465.73	543.32	641.58	783.61	961.53
宁夏	385.34	460.35	606.10	710.76	889.20	1098.51
新疆	1877.61	2200.15	2604.19	3045.26	3523.16	4203.41
合计	18069.12	21553.00	25522.01	29907.15	35817.37	43323.20

省份	2009 年	2010 年	2011 年	2012 年	2013 年	2014 年
重庆	6530.10	7925.58	10011.37	11409.60	12656.69	14262.60
四川	14151.28	17185.48	21026.68	23872.80	26260.77	28536.66
贵州	3912.68	4602.16	5701.84	6852.20	8006.79	9266.39
云南	6169.75	7224.18	8893.12	10309.47	11720.91	12814.59
西藏	441.36	507.46	605.83	701.03	807.67	920.83
陕西	8169.80	10123.48	12512.30	14453.68	16045.21	17689.94
甘肃	3387.56	4120.75	5020.37	5650.20	6268.01	6836.82
青海	1081.27	1350.43	1670.44	1893.54	2101.05	2303.32
宁夏	1353.31	1689.65	2102.21	2341.29	2565.06	2752.10
新疆	4277.05	5437.47	6610.05	7505.31	8360.24	9273.46
合计	49474.16	60166.64	74154.21	84989.12	94792.40	104656.70

数据来源：《2004—2015 年度中国统计年鉴》。

表 6.3　2003—2014 年西部地区农村养老金的支出水平

年度	全国农村总人口/万人	西部地区农村人口/万人	西部占全国比重	全国农村养老金支出总额/亿元	估算的西部地区农村养老金支出总额/亿元
2003	76851	19965	0.26	15	3.896826326
2004	75705	19652	0.26	18	4.672557955
2005	74544	19236	0.258	21	5.419027688
2006	73160	18866	0.258	30	7.736194642

续表

年度	全国农村总人口/万人	西部地区农村人口/万人	西部占全国比重	全国农村养老金支出总额/亿元	估算的西部地区农村养老金支出总额/亿元
2007	71496	18569	0.26	40	10.38883294
2008	70399	18163	0.258	56.08	14.4686862
2009	68938	17721	0.257	76	19.536337
2010	67113	17356	0.259	200	51.72172306
2011	65656	17023	0.259	588	152.4540636
2012	64222	16556	0.258	1150	296.4622715
2013	62961	16156	0.257	1348	345.9012405
2014	61866	15863	0.256	1571	402.8185595

数据来源：《2004—2015 年度中国统计年鉴》和《2003—2014 年各年度人力资源和社会保障事业发展统计公报》。其中，2012—2014 年相关公报没有“新农保”养老金支出的专项统计数据，本书以城乡养老金支出代替。由于本书研究的是农村养老保障的适度水平与实际水平，都是相对值，因此这种近似处理不会影响研究结果的科学性。

表 6.4　2003—2014 年西部地区农村养老保障实际水平

年度	西部地区国内生产总值/亿元	西部地区农村养老金支出总额/亿元	西部地区农村养老保障的实际水平
2003	22954.66	3.9	0.0001699
2004	27585.17	4.7	0.0001703
2005	33493.31	5.4	0.0001612
2006	39527.14	7.7	0.0001948
2007	47864.14	11	0.0002298
2008	58256.58	14	0.0002403
2009	66973.57	20	0.0002986
2010	81408.49	52	0.0006388
2011	100234.96	152	0.0015164
2012	113904.8	296	0.0025987
2013	126002.78	346	0.0027460
2014	138099.79	403	0.0029182

数据来源：《2004—2015 年度中国统计年鉴》，西部地区农村养老金支出总额 S_0 根据表 6.1 各年度的相关数据整理得到。

对比表 6.3 和表 6.4 的相关数据，可以得到 2003—2014 年中国西部地区农村养老保障的实际水平与适度水平的差距(表 6.5)。

表 6.5　西部地区农村养老保障实际与适度水平的差距

年份	西部地区农村养老保障的适度水平	西部地区农村养老保障的实际水平	实际水平与适度水平的差距
2003	0.0281	0.0001699	0.0279301
2004	0.0284	0.0001703	0.0282297
2005	0.0288	0.0001612	0.0286388
2006	0.0297	0.0001948	0.0295052
2007	0.0302	0.0002298	0.0299702
2008	0.0309	0.0002403	0.0306597
2009	0.0318	0.0002986	0.0315014
2010	0.0333	0.0006388	0.0326612
2011	0.0342	0.0015164	0.0326836
2012	0.0352	0.0025987	0.0326013
2013	0.0363	0.0027460	0.0335540
2014	0.0378	0.0029182	0.0348818

数据来源：根据《2004—2015 年度中国统计年鉴》及各年度社会保障公报数据整理而得。

从表 6.5 中可以看出，虽然西部地区农村养老保障的实际水平一直在逐年上升，但是这些地区农村居民的养老问题却日趋严重，以致实际保障水平赶不上适度水平，而且两者的差距还呈现扩大趋势。所以，如何提升实际保障水平及其增长速度，缩小实际水平和适度水平间的差距，使农民真正感受到养老保障待遇在提高，是养老保障建设中政府社会责任的要义。

二、养老金替代率分析

从上文式(6.4)中可以看出，提高西部地区农村养老保障的实际水平，可以从提高农村养老金替代率 β 入手，也可以从提高劳动生产要素分配系数 H 入手，然而劳动生产要素分配系数不可能在短期内提高，故不是本书所要解决的问题。本书主要是通过建立“新农保”养老金的精算模型，对于那些能够影响农村养老金替代率的因素进行针对性的分析，最终提高我国西部地区农村养老保障水平。

(一)基本设定

为了便于构建“新农保”精算模型，结合“新农保”文件的相关规定，做出了一些基本假设：第一，不考虑集体补助情况；第二，假设农户在参保以后不会改变其缴费标准，农户持续缴费并且不会中断；第三，假定所有符合领取条件的农村老年人，都会将本年度的养老金一次性领取完，不是分月领取；第四，按我国现行退休政策和制度规定，假设农村老人 60 岁以后领取养老金。

（二）养老金替代率的精算模型

假定用 Y 表示农村老年人退休后每年领取的养老金数额，用 X 代表参保农户选择的缴费水平，同时 r 代表投资收益水平，地方政府补贴增长率为 g，中央政府提供的基础养老金为每人每年 840 元，则参保农户从参保开始到法定领取年龄积累的总金额如下：

第一年累积 $(X+30)(1+r)^{(60-a)}$

第二年累积 $(X+30)\times[(1+g)(1+r)^{(60-a-1)}]$

缴费最后一年累积 $(X+30)\times[(1+g)^{(60-a-1)}(1+r)]$

因此，参保农户从参保开始到法定领取年龄其所储蓄的个人账户累计金额总额 Z 为

$$Z=(X+30)\sum_{i=1}^{60-a}[(1+g)^{i-1}\times(1+r)^{60-a-i+1}] \tag{6.5}$$

由于个人养老金每年发放的标准为个人账户累积金额总额除以 139，而参保农户退休以后可以领取的养老金为个人账户金额加上基础养老金账户金额。所以

$$Y=840+Z\div\frac{139}{12}=840+\frac{12(X+30)}{139}\sum_{i=1}^{60-a}[(1+g)^{i-1}\times(1+r)^{60-a-i+1}] \tag{6.6}$$

令 M 为农民的年纯收入，农户年人均收入增长率也为 g，则养老金的替代率为

$$\beta=\frac{Y}{M\times(1+g)^{60-a}} \tag{6.7}$$

式(6.6)、式(6.7)表明，养老金替代率主要受农民缴费标准 X，基金的投资收益率 r，中央和地方政府的补贴以及退休年龄的影响。据国家统计局发布的消息，2014 年农村居民人均纯收入为 9892 元，扣除价格因素，实际增长率为 9.2%，投资收益率设定为低、中、高三个层次，分别为 2%、5%、8%，将这三个数值分别代入式(6.7)，即可得知农村养老金替代率 β。由于十二个缴费标准的收益率列表数据量过大，这里只选择 100—500 元共五个缴费标准来说明。

从表 6.6 可以看出，农村养老金替代率主要受以下几个因素影响：一是投资收益率，即投资收益率与“新农保”资金的替代率之间呈现正相关关系，这就要求西部地区地方政府要合理利用“新农保”资金，确保其收益率不断提高；二是缴费年限，从表 6.6 中可以看出缴费年限与“新农保”资金的替代率之间也呈现出正相关，即缴费时间越长，替代率就越高，这就要求政府在前期对“新农保”进行广泛宣传，引导农民尽早参保，以便将来获得更多养老金；三是缴费标准，表 6.6 显示缴费标准越高，养老金替代率也就越高，这就要求政府积极鼓励农民适时提高缴费标准，以获得更高的养老金替代率。

表 6.6　五个缴费标准下不同投资收益率的农村养老金替代率(%)

缴费标准/元	投资收益率/%	参保年龄/岁									
		16	20	25	30	35	40	45	50	55	59
100	2	8	5.9	4.4	3.1	2.2	1.6	1.3	1	0.9	0.8
	5	12.1	8.6	6.1	4	2.7	1.9	1.4	1.1	0.9	0.8
	8	20.4	13.7	8.4	5.5	3.4	2.2	1.5	1.1	0.9	0.8
200	2	13.6	9.8	7.3	4.8	3.2	2.2	1.6	1.2	1	0.8
	5	20.8	14.6	10.2	6.4	4.1	2.7	1.8	1.3	1	0.8
	8	35.4	23.7	14.3	9.1	5.4	3.3	2	1.3	1	0.8
300	2	19.1	13.8	10.1	6.6	4.3	2.9	2	1.4	1	0.8
	5	29.4	20.6	14.3	8.9	5.5	3.5	2.2	1.5	1	0.8
	8	50.5	33.7	20.1	12.7	7.4	4.3	2.6	1.6	1.1	0.8
400	2	24.7	17.7	12.9	8.3	5.4	3.5	2.3	1.6	1.1	0.8
	5	38.1	26.6	18.4	11.4	7	4.3	2.6	1.7	1.1	0.8
	8	65.5	43.6	26	16.4	9.4	5.4	3.1	1.8	1.1	0.8
500	2	30.2	21.6	15.7	10.1	6.4	4.1	2.7	1.7	1.2	0.9
	5	46.8	32.6	22.5	13.8	8.4	5.1	3.1	1.9	1.2	0.9
	8	80.6	53.6	31.9	20	11.4	6.4	3.6	2	1.2	0.9

三、确立适度水平养老保障的政府责任

(一)加大公共财政支持力度，逐步实现城乡养老保障一体化

根据国际水平，政府承担的养老义务通常占据 30%—70%，如奥地利与德国政府对农村社会养老保险的补助占 70%。在我国，2015 年新型农村社会养老保险试点工作大会指出，补助的最低数是每个月每个人 70 元，也就是每年每人 840 元，此为中央补助，各地可以根据实际情况相应加大补助力度。然而，西部地区各级政府财政资金较为紧缺，财政收入不均衡，而且差异较大，极大地限制了其对农村养老提供补助的可能。所以，西部地区养老保障政策的制定，要因地制宜，因城施策，中央政府应重点关注特别贫困地区，给予全额补助，实行兜底政策，对于其他地区则可以按照当地的收入情况按比例调整。

由表 6.7 可以看出，在接受调查的西部地区农村居民中，15.7%的农民期望政府的财政补贴能够在参保费用中占到 60%—80%，24%的农民期望政府的财政补贴能够在参保费用中占到 80%以上。这与当地农民的收入情况密切相关，西部地区土地贫瘠、经济发展滞后，导致农民收入很不理想。因此，政府应该根据当地的实际情况采取针对性措施，加大公共财政支持力度。

表 6.7 2017 年西、中、东部地区农民期望财政补贴在参保费用中的比重(%)

地区	财政补贴比重					
	10 以下	10—30	30—50	50—60	60—80	80 以上
西部	5.3	11.0	19.60	24.0	15.7	24.4
中部	3.1	17.2	23.10	22.7	9.0	24.9
东部	0	2.3	32.0	31.3	21.0	13.4

数据来源：本课题组调研搜集整理得到。

应该注意到，我国长期以来形成了城乡二元化经济结构，这不仅不利于西部农村地区的发展，而且导致城乡社会资源配置不均衡。西部地区农村社会养老保障在保障标准与待遇方面与城市社会养老保险还存在较大差异，这种城乡分割的养老保障制度，不仅很难满足贫困农民的养老需求，也不利于统筹城乡经济发展，推进城镇化进程。因此，必须转变发展理念，完善公共财务机制与财务转移支付机制，强化对农村基础设施以及公共事业的支持；必须坚守城乡统筹准则，实现城乡养老保险一体化，使社会养老的福利惠及更多的农民，力争城乡共进，协调发展。

(二)加强养老金投资管理，提高投资收益率

根据表 6.6，养老金替代率与投资收益率之间呈正比例关系，即基金投资收益率越高，养老金替代率也就越高。然而，当前我国的养老金管理主体主要是县级管理机构。而县级管理机构缺乏相应的投资管理人才，投资渠道较为狭窄，基金运营管理存在较大问题，基金增值保值难度十分突出，这些因素使得养老金替代率难以提高。更有甚者，由于管理缺位，地方政府干预以及挪用养老基金的现象时常会出现。

从表 6.8 可以看出，虽然西部地区农民对其基金管理者的信任程度达到了 83.1%，略高于中部地区的 80.8%，但是离东部地区的 86.0%还有一定差距。这从侧面反映出我国养老金管理制度仍然存在一定问题，尤其是落后地区在监管方面还需进一步加强。因此，必须加快建设和完善全国统一的养老金管理制度，实现养老基金专业化管理运营，通过市场化机制提高养老基金的管理水平和效果。

表 6.8 2017 年西、中、东部地区农民对基金管理者的信任程度占比(%)

地区	信任	不信任
西部	83.1	16.9
中部	80.8	19.2
东部	86.0	14.0

数据来源：本课题组调研搜集整理得到。

(三)不断提高农户收入水平，增强农民承保能力

家庭经济状况或者人均收入水平决定农民的参保缴费能力，直接影响“新农保”的参保率。西部地区农民主要从事农业生产，农村经济增长速度有限。在提高农民收入方面，首先，政府应该认清自己的责任，不但要提供一些惠农政策，也应该引进一些新的科学生产技术和农业发展人才，指导农民改善生产方式，提高农业生产量，进而增加农民收入；其次，采取多种政策支持农民自主创业，发展乡镇企业和农村副业，帮助农民实现在家乡就业务工的梦想，增加农民收入来源，增强农民参保、承保能力。

(四)鼓励家庭养老，构建多层次的养老体系

从现有数据来看，我国西部地区农村养老金替代率整体偏低，仅仅依靠社会养老保险根本无法满足广大农民的养老需求。加快建设其他养老模式，不断完善养老制度，才能使农民享有的实际保障水平得到有效提高。所以在实现社会化养老的同时，“新农保”应该吸收融合传统养老文化，引导教育子女主动赡养老人，同时给予适当补贴。

(五)加快新型农村社会养老保障的地方立法

从国际经验来看，完善的相关立法是确保制度有效实施的重要保障。因此，应加强西部地区农村养老保障制度的法制建设工作，用法律方式强化农民养老权益，促进农村养老保障制度的规范化和法制化，确保该项制度的有效实施，真正发挥农村养老保障作用。

第二节　提高西部地区“新农保”制度覆盖率的政府责任

西部地区由于其独特的地理环境和气候等因素的影响，自古以来就十分贫困。因此，农户参与“新农保”的积极性不高。然而这种保障制度健康运营的精算基础就是大数法则，它要求尽可能多的人参保，才能将风险降到最低。因此，为了使“新农保”长久稳定运行，提高制度覆盖率在实际和理论方面都有重要意义。

一、计算模型

国际社会关于养老保障制度覆盖率的计算模型主要有两个，一个是缴纳保

费总人数与劳动力总人数之比；另一个是领取养老金总人数占已退休总人数的比重。显然西部农村养老保障制度的覆盖率也可以用这样的模型加以衡量，用 F_i 代表农村养老保障制度覆盖率(i=1,2)，C 代表参保总人数，W 表示劳动年龄人口数量，P 表示领取养老金的人数，R 代表达到退休年龄的农村人口数量，则西部农村养老保障制度覆盖率可以如下表示：

$$F_1=\frac{C}{W};\ F_2=\frac{P}{R}$$

由于较难查到西部农村的劳动年龄人口数量，因此，用农村就业人口数量 E 来代替。于是

$$F_1=\frac{C}{E};\ F_2=\frac{P}{R}$$

需要强调的是，由于西部地区农村劳动力人口要比就业人口的数量多，因此，在 F_1 的计算中得到的数据要比实际的数据偏大。

二、西部地区“新农保”制度的覆盖率

(一)覆盖率整体水平较低

根据以上两种计算方法，2003—2014 年我国西部地区农村养老保障制度覆盖率的结果如下表 6.9。从表中可以看出，覆盖率 F_1 和 F_2 所反映的变化趋势明显不同，前者是先升后降然后再次上升，而后者是一直上升，但是它们都与国际劳工组织规定的 20%的最低限度有很大差距。

表 6.9　2003—2014 年我国西部地区农村养老保障制度覆盖率的情况

年份	西部地区农村参保数量/万人		就业人数/万人	60 岁以上老年人口/万人	F_1/%	F_2/%
	参保人数	领取养老金的人数				
2003	1208	44	47506	3410	2.543	1.290
2004	1191	45	46971	3431	2.536	1.312
2005	1201	66	46258	3457	2.596	1.909
2006	1181	78	45348	3485	2.604	2.238
2007	1127	85	44368	3535	2.540	2.405
2008	1220	111	43461	3686	2.807	3.011
2009	1893	338	42506	3679	4.453	9.187
2010	2221	618	41418	3617	5.362	17.086
2011	7049	1840	40506	3396	17.402	54.181
2012	10451	2825	39602	3481	26.390	81.155
2013	10756	2976	38737	3600	27.767	82.667
2014	10840	3096	37943	3781	28.569	81.883

数据来源：《2004—2015 年中国统计年鉴》。

(二)城乡覆盖率有较大差距

结合 F_1、F_2 这两个指标，不难发现城乡养老保障制度在西部的覆盖水平仍然存在较大差异。图 6.1 显示，2003—2014 年，城乡之间养老保障制度覆盖率的差距年均都在 40 个百分点以上，不仅在绝对值上差距大，在纵向时间上的差距也在不断增大，如果再不采取措施，无疑将对我国构建和谐社会造成严重负面影响。

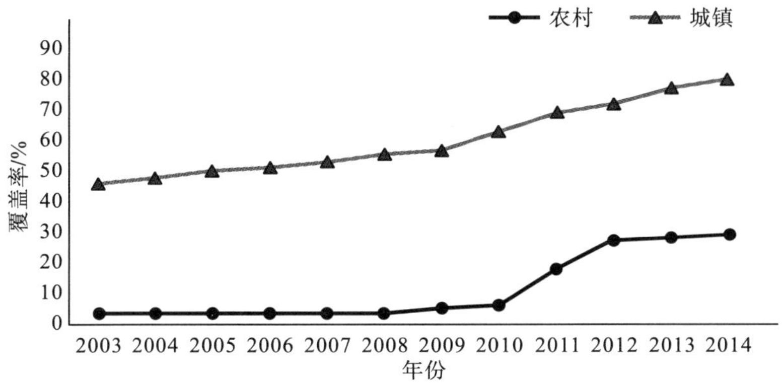

图 6.1　2003—2014 年西部地区城乡养老保障制度覆盖率 F_1 的对比图

三、影响“新农保”制度覆盖率的因素

(一)农民对“新农保”的认识程度

新制度实施需要相关人员认识理解后才会顺利完成。所以应当大力宣传“新农保”制度，使农民充分认识到该项制度是为了他们的切身利益考虑，从而使该项制度的覆盖率不断地提高。

(二)农民收入水平

据有关国际组织调查发现，各地经济发展状况和养老保障制度的覆盖率具有高度相关关系。也就是说，当经济发展到一定程度，不论是当地政府财政，还是农民收入状况，均能确保养老保障制度覆盖率达到较高水平。根据这种观点，我国西部大多数地区的经济还停留在较低阶段，农民收入有限且增长速度较长时间保持在较低水平，因此人们参保的意愿相对来讲没有那么强烈，从而导致养老保障制度的覆盖率长期保持在较低水平。

(三)保障水平及收益率

目前大多数西部农民参加“新农保”后，领取的养老金数量较少，甚至不能满足基本养老需要。这主要是因为在“老农保”时期政府的宣传和引导不足，同时农民参保缴费能力有限，农民往往选择最低的缴费标准，其投资收益率通常也不会太高，使得最终领取的养老金无法满足基本养老需要。

从“新农保”运行情况来看，虽然每年投保的人数以及领取养老金的人数都在不断增加，但是人均月领取养老保障只有84元，由于物价快速上涨，这是难以维持最基本的养老需求的，更谈不上实现其他更高层次需要。另外，当前我国的养老金管理主体主要是县级管理机构，而县级管理机构缺乏相应的投资管理人才，投资渠道也比较窄，基金在运营管理方面存在很大的问题，基金增值保值的问题十分突出，更有甚者，由于管理缺位，地方政府干预以及挪用养老基金的现象时常会出现。这些障碍都会降低养老保障水平及其投资收益率，进一步抑制农民投保热情，使 “新农保”覆盖率难以有效提高。

(四)农民的心理预期

一项新的制度若想推展开来，就必须让人们看到其好处所在。根据西方经济学有关理性人的假设，人人都是理性的，每个人都想用最少的付出得到最大的收益，所以在“新农保”的推广中，应当大力宣传其好处，提高农民的心理预期，使其认识到农村养老保障制度能带来切切实实的好处，他们才愿意积极地参与。

四、提高“新农保”制度覆盖率的思路建议

(一)加大财政投入力度

“新农保”基金的筹集渠道主要包括农民缴费、政府补贴和集体补助等，但是由于西部大多数地区经济不够发达，各地集体补助长期缺位，而地方实业经济发展水平较低，当地的财政投入也不会太高。根据国发〔2014〕8 号文件，符合领取待遇的农村老人每月能够获取 70 元的基础养老金。许多农民由于经济条件限制或是对“新农保”政策的不信任，通常会选择最低缴费标准缴费 100 元，连续缴费 15 年，到法定领取年龄时，每月只能从养老金账户里领取 84 元，显然这样的收益太低了，对于农户而言根本就没有什么吸引力。

因此，要激励农民参保，就必须加大财政资金投入，并大幅度提高“新农保”基金的投资收益率。首先，西部各省份应当努力利用当前国家的各项有利政策，积极争取中央政府的支持，针对西部各地自然资源优势，大力提高经济发展水平，逐步加大对基础养老金的投入。其次，地方政府可以根据政府财政的充裕程度，

适当地增加养老金的给付。最后，采用多种形式鼓励农村集体开办集体经济，引导发展得较好的集体经济对农民缴费给付予以支持，同时鼓励农户提高缴费标准。这样从农民缴费、政府补贴、集体补助三个方面实现良性互动，从缴费源头到支付养老金两个层面提高保障水平和覆盖范围。

（二）积极增加农民收入，增强其承保能力

只有大力改善西部各地经济状况，提高农民缴费能力，才能调动农民的参保热情，从而提高“新农保”参保率，扩大覆盖范围。第一，出台优惠政策并提供财政资金支持，提高农民农业生产积极性，积极引导农户发展多种形式的农业生产，增强其经济实力。第二，各地政府想方设法帮助农村剩余劳动力实现就业，提高这些农户的家庭收入。第三，加快推动农村土地承包经营权的改革，允许农户通过耕地、宅基地的流转等形式获得收益。第四，政府要出资确保农村基础设施的建设和完善，积极给农业生产和农户增收创建有利的环境。第五，创造良好投资环境，积极引导金融机构助力农村养老保险，将信贷资金合理引入农村，满足农民的金融需求。

（三）探索养老金的多元化投资管理方式，保证其收益稳定

第一，实行“新农保”基金省级统筹和管理，规范养老金运营，杜绝挪用、贪污等行为，确保农户的养命钱始终处于安全状态。第二，创新养老金投资方式，不断增强其保值、增值能力。政府有关部门可以考虑将养老金交由专业的基金管理机构进行管理，确保养老金有稳定可靠的投资渠道和机构，保证养老资金收益的上升。第三，西部各地政府应贯彻党中央的各项指示，积极引导养老金投向收益稳定、安全的领域。同时要不断创新发展思路，积极学习借鉴东部地区前沿的管理理念和科学的管理手段，采用多种方式保证养老金的稳定收益，保障养老金的安全运营，大力优化“新农保”制度设计和建设，逐步提高“新农保”制度的覆盖率。

（四）以家庭成员相互捆绑式参保，提高制度覆盖率

根据目前已有的实践经验，家庭成员之间相互“捆绑”参加各种社会保障制度的模式，既符合西部地区重视家庭的内在文化要求，也能够在一定程度上降低由于信息的不对称而产生的道德风险。“新农保”要求农村老年人享受待遇的前提是所有成年子女必须缴费参保，家庭成员之间相互“捆绑参保”，可以有效增大“新农保”的制度普及率。这在一定程度上避免了“家庭成员一人参保，全家享受参保服务”，进而严重侵蚀参保人利益的现象。因此，“新农保”制度在推行过程中允许家庭成员之间的互助行为，子女缴费便于父母领取待遇，这可以提高养老保障制度覆盖率。

(五)打破农村养老保障体系碎片化

到目前为止，西部地区的养老保障体系还是较为混乱，一城一策，碎片化程度十分严重。因此，要整合不同地区的养老制度，实现养老关系的统一管理，为将来实现全国范围一体化的“城乡保”打下坚定基础。首先，提升养老金统筹层次，由省级、市级统一管理，规范管理制度，同时可以引进市场机制聘用专业机构，委托商业银行对基金进行保管，强化安全管理。其次，加快养老保障信息网络化建设进程，对养老保障信息进行统一管理。

第三节　西部地区加强“新农保”制度与传统养老文化协调发展的政府责任

一、“新农保”制度与传统养老文化协调发展的重要作用

(一)有利于构建和谐稳定的家庭环境

家庭是社会的基本单位，如果没有家庭的和睦安定，建设新农村就会沦为一句空话和口号。近些年来，随着西部地区经济发展的步伐越来越快，农村的家庭结构、家庭观念等发生了一些新的变化，如家庭规模日益变小，大量空巢、留守家庭出现，如在宁夏回族自治区的同心县，在 1987 年的时候全县五口人以上的家庭占 65.19%，而在 2014 年的时候这一比例只有 23.15%[①]。西部地区农村家庭规模正在快速缩小，而农村青年的传统孝道观念日益淡化，这不仅是中央政府更是西部地方政府在建设农村养老保障体系中面临的重要课题。

由表 6.10 可以发现，“新农保”在改善家庭关系与家庭经济方面具有显著的作用。在西部地区调查对象中，57%的农村居民认为老年人领了养老金后家庭经济有所改善，30%的农村居民认为老年人家中地位有所提升，38%的农村居民认为家人关系变得更加和睦。这种现象在中部与东部地区也得到很好的体现。同时应该注意到，我国传统养老文化注重“尊敬老人”、“家庭稳定”和“尊重传统伦理道德”，以家庭成员之间的“团结和睦、相互理解、关爱、包容”等作为家族宗亲关爱教育的主要内容，这在某种程度上能够化解家族成员内部的矛盾，使农村现代家庭保持积极向上的精神面貌。因此，随着“新农保”制度的筹划、设计和实施，应当注重发挥传统养老文化对家庭成员所具有的特殊约束作用和调节功能，这在一定程度上能够促进家庭成员关系的和谐稳定。

① 根据历年《中国人口统计年鉴》相关数据整理得到。

表 6.10 2017 年西、中、东部地区农村老年人领养老金所带来的改变(%)

地区	家庭经济有所改善	老年人家中地位有所提升	家人关系变得更加和睦
西部	57	30	38
中部	34	33.5	42
东部	45	34	40

数据来源：本课题组调研搜集整理得到。

(二)有利于应对西部地区农村人口老龄化带来的养老压力

随着我国西部经济发展速度的提升，越来越多的农村富余劳动力涌入城市，留守人员多为行动不便、需要赡养的老年人。2014 年，西部地区农村老年人的数量为 2976 万人，占整个西部地区总人口的 10.08%，达到农村人口的 18.8%，而城镇老年人口占城市总人口之比约 13.75%①。这些数据显示西部地区农村的养老问题比城市更为严峻。如何有效控制农村地区老龄化趋势，将是西部地区政府面临的一个十分棘手的问题。未来一段时间内，我国政府必须重点关注农村养老问题，必须加快构建农村养老保障制度，合理引导传统养老文化，充分发挥各种养老形式的保障作用，才是我国西部地区政府应对农村人口老龄化的有效途径。

(三)有利于构建具有西部地区特色的农村养老保障体系

相较于其他地区，家庭养老的地位和作用在西部农村更为突出，在西部少数民族地区还具有显著的宗教文化特点。一个地区的经济发展程度往往对文化的形成起着基础性作用。因此，由于经济发展较为落后，西部地区的农村较其他地区的农村更重视传统孝道，更加注重传统的家庭养老，更加根深蒂固地相信“养儿防老”，并认为亲生子女比别人更加可靠。

西部地区农村居民的思想和行为大多含有宗教文化的烙印，例如在宁夏回族自治区人们大多数都以伊斯兰教作为主要的宗教信仰。伊斯兰教吸收了儒家养老文化，形成了具有宗教特色的“孝道”养老文化(苏雪，2010)。另外，据有关部门统计，我国绝大多数少数民族都生活在西部偏远区域，仅云南就有五十一个少数民族，多民族的聚集也能从一个侧面反映出我国西部地区养老文化有其民族特色，例如：傣族人依靠互助养老，空巢家庭可以到寺庙和和尚一起吃百家饭(于兰 等，2013)。因此，我国西部地区在构建具有特色的养老保障体系时，应该努力结合自身文化特点，才能有效发挥养老保障功能。

① 根据《中国统计年鉴 2015》相关数据计算整理得到。

二、“新农保”制度与传统养老文化协调发展的本质

(一)相互促进，取长补短

我国西部农村地区由于地理条件、气候等原因，孕育出了较为独特的养老文化——家庭养老(阿不来提 等，2009)。但是，伴随着西部地区城镇化进程的加快和老龄化程度的加深，这种传统的养老模式已经不能完全适应经济发展，加快改变传统养老模式，不断创新养老方式，这是必然选择和趋势。

新型养老保障制度对于家庭养老具有较高的替代性，可以进一步推进“新农保”的发展，在很大程度上降低农村人口老龄化带来的不利影响，因此必须加快农村养老保障体系的建设和完善。但是，我们也应该注意到，家庭养老的许多功能是社会养老所没有的。社会养老仅仅只是在老年人的生活方面给予帮助，却不能完全满足老年人心灵和精神上的需要，这点只有老年人的家人或是亲人才能够给予，所以从根本上讲家庭养老在养老保障的构建中是不可或缺的。因此，要推动“新农保”更好地发展，就要推动传统养老文化改革，吸收其“爱老、敬老”的精髓，实现社会养老和家庭养老的有机结合，两者相互促进，共同发展，一起为加快西部地区养老保障的制度完善贡献力量。

(二)重点培育新型养老文化

在历史传承中，传统养老文化虽然在促进家庭和谐和社会发展等方面都有积极贡献，但也有封建宗法文化的印迹。因此，需要从唯物辩证的角度来理性看待传统养老文化，充分认识它的优点和缺点，取其精华，弃其糟粕，形成现代社会养老文化。

养老文化的变革创新包括以下三点：首先，在对待老人的问题上应该态度诚恳，对老人吩咐的事情认真对待，子女们不仅要从衣食住行等物质上给予父母帮助，也要从情感需求上给予父母更多关怀。其次，新的养老文化应该不分年龄和辈分，每个家庭成员人人平等。现代农村家庭更应多一点民主，抛弃传统文化中一切以“父权主义”为核心的落后思想。最后，老年人应该与时俱进，培养科学现代的养老价值观，树立积极自信、自强、健康、乐观向上的老年人价值观。很明显，培育不同于传统养老文化的新型养老文化，对于加强新型农村养老保障体系的建设及其与传统养老文化相互的协调发展，都有着至关重要的意义。

(三)加强物质养老与精神养老相结合

物质养老与精神养老相结合，要求子女给予老年人物质上的帮助和精神上的慰藉。然而，西部地区农村家庭结构日趋核心化，老龄化趋势更加明显，越来越

多的留守老人和空巢家庭使家庭养老很难满足农村居民的养老需要。另外，从以往的经验来看，单单依靠子女提供的物质帮助很难满足老人的养老需求，中央财政每月 70 元的补贴，地方政府的财政补助[①]的作用也是微乎其微的，不仅无法满足农村老年人基本的养老物质需要，更无从谈起给予其精神关怀。因此，在“新农保”与传统养老文化的交流融合和创新的过程中，不仅要拓展丰富的养老形式，而且应注重精神养老与物质养老相结合。

三、加强“新农保”制度与传统养老文化协调发展的政府责任

西部各地政府加强“新农保”制度与传统养老文化协调发展的具体做法如下：

(一)探索互助幸福院的模式

互助幸福院是农民结合当地特点和资源探索出来的一种新的养老模式。西部农村地区每个村落或相邻的村落一般会有空置的校舍或大队办公室等公共资产，把这些闲置房屋改造成适合老年人居住的养老院，即为互助幸福院。老年人可以集中居住，互相照顾，这不仅能解决一些老年人生活不便的问题，还能有效缓解老年人孤单的状况。比较成功的案例有河北省肥乡县(现邯郸市肥乡区)，其在 2007 年就开始探索这一农村养老模式，提出“离家不离村，就地抱团养老”的思路。这样一种自创型养老模式不仅新颖，而且符合我国传统文化特点，老百姓认可度高，值得全国学习和借鉴，具有重大的推广意义[②]。因此，西部地区应转变观念，大力创新，适时在本地区开展互助式的“集体和家庭帮养结合”的养老模式。

(二)建立面向农村地区的家庭养老信息服务平台

积极鼓励有能力有条件的信息服务企业参与到西部地区农村养老的事业中，利用自身的数据搜集能力，为老年人口提供养老服务，例如 2014 年 10 月，民政部、发展改革委、工业和信息化部等六部门下达《关于开展养老服务和社区服务信息惠民工程试点工作的通知》，目标是将现代信息技术引入到养老事业中来，并逐步地开展相关试点和应用，更方便高效地给老年人提供养老服务，释放信息消费潜力。

(三)促进养老服务和资源均衡发展

目前社会民众的养老需求旺盛，政府必须加大对公共养老服务机构的资金投入。同时，对私营养老院给予税收优惠等政策支持，使其更好地提供养老服务。

---

① 参见《国务院关于建立统一的城乡居民基本养老保险制度的意见》(国发〔2014〕8 号)。

② http://society. people. com. cn/GB/136657/16388248.html，2011-11-25.

福利养老院可以将其闲置资源对社会上的其他老年人开放，发展成公平和效率并重的区域养老中心。针对西部农村地区养老机构少、设施落后同时市场潜力巨大的情况，可以引导城市养老机构“一帮一”或“一帮多”，帮助农村养老机构与城市养老机构建立合作，加大养老服务的资金投入，鼓励社会资金向农村地区的养老服务倾斜。

对于养老服务的管理，不仅要明确政府部门的主导地位，也应充分调动社会资源如农村老年人协会、农村志愿服务队等积极参与，努力推进“新农保”吸收、融合传统养老文化的精髓，充分发挥家庭、邻里和村组织的作用，鼓励村民自发成立养老服务志愿队，互帮互助形成爱老氛围。

(四)积极宣传新型养老观念

由表 6.11 可以看出，西部地区超过 50%的居民都认为政府应担当起促进尊老风气的责任。因此，单纯提高经济发展水平还不能完全解决养老问题，必须加强思想认识，大力宣传新型养老观念，树立并深化现代养老观念，促进传统养老模式与现代养老保障的交流和融合。

表 6.11　2017 年西、中、东部地区农村居民认为政府应促进尊老风气的比重(%)

	西部	中部	东部
比重	52.0	37.5	58.0

数据来源：本课题组调研搜集整理得到。

(五)以家庭成员捆绑式参保，逐步提高制度覆盖率

根据目前已有的实践经验，以家庭成员之间相互“捆绑”的模式参加各种社会保障制度，既符合西部地区重视家庭的内在文化要求，同时也能够在一定程度上降低由于信息的不对称而产生的道德风险。“新农保”要求农村老人享受待遇的前提是所有成年子女必须缴费参保。家庭成员之间相互“捆绑参保”的模式，有助于在短期内迅速提高制度的覆盖率，这在一定程度上避免了过去由于家庭成员一人参保，全家享受参保服务，从而严重地侵蚀了其他参保人利益的现象。根据本课题组调研数据整理得到：东部、西部、中部地区农村居民的捆绑参保率分别为 75.0%、60.4%、49.4%。西部地区的捆绑参保率高于中部地区，但离东部地区还有不小的差距。因此，在西部地区还需要进一步提升捆绑参保率。采用这种以家庭为单位的捆绑式的参保模式，能够有效拓宽参保者的年龄层，使更多的年轻农民加入进来。因此，在推行“新农保”制度过程中，允许家庭成员之间的互助行为，不仅可以在很短的时间内提高养老保险的制度覆盖率，而且还可以促进家庭成员之间关系的协调发展，扩大了参保人群、保证了保费来源，给“新农保”持续运行带来了源泉。

第四节　构建西部地区城乡养老保障体系衔接机制中的政府责任

一、城乡养老保障体系的差异

（一）覆盖率差异大

据统计，截至2010年底西部各省份城市地区的养老保险普及率为84%，农村地区的覆盖率仅为34.6%，不及城镇地区的一半。截至2014年，西部各省份城镇地区大约有18740万人加入了基本养老保险，约有3095万人享受到了基本养老待遇，广大农村地区有10840万人加入了基本养老保险，约有3096万人享受到养老待遇①。尽管从表面来看，西部地区城乡养老保险发展水平趋同，但如果考虑到西部农村人口远超于城镇的事实，就不难发现农村养老保险的普及率与城镇水平还有很大差距，这尤其需要西部地区政府高度关注。

（二）待遇水平差异大

由于历史原因，国家投入了大量资金到城镇地区的社保建设中，农村社会养老保险建设滞后，无论是从养老保障待遇的绝对值，还是从相对的比例关系来看都是如此。如果以人均社保支出费用来衡量对社保的投入程度，以西安市为例，城市人口每月获得的人均社会保障费用达到2312元，而农村人口人均所享有的社会保障费用仅为84元，城镇竟然大于农村的26倍②，两者之间的差距相当大。

（三）参保方式不同

西部地区各个城镇和农村养老保险的投保方式也有明显差异。对于城镇居民来讲，国家采用立法强制规定的办法，要求所有城镇居民都必须缴费参加养老保险；而对于农村地区，政府允许农民自愿决定是否缴费参保，这种规定在制度的运行中往往会产生逆向选择的结果，即贫困的农户缴费能力有限不愿意参保，年轻的农民由于离领取年龄还远也不愿加入，这显然违背了有关保险运营的基础——大数法则，即保险只有在大多数人都参与的情况下，才能够有效地分散风险。随着西部地区农村老年人口比重不断加大，这种违背保险运营法则的现象必然会给农村养老保障制度带来严重的财务困境。

---

① 根据《2015年中国人力资源与社会保障事业发展统计公报》相关数据整理得到。
② 根据《2015年中国统计年鉴》以及人力资源与社会保障部公告相关数据整理得到。

二、城乡养老保障体系差异中的政府决策原因分析

我国城乡二元化的养老保障现状与户籍制度、劳动就业政策、经济发展水平有着密切的关系，因此，基于政府责任的角度，能够更好理解城乡养老保障二元化的形成原因。

(一)制度设计

以四川省为例，从下表6.12中可以看出城镇与农村基本养老保险在制度设计上的诸多差异。

表6.12 城乡养老保险制度的模式比较

基本养老保险体系	城镇职工	农村居民
养老保险体系	基本养老保险、商业养老保险	城乡居民养老保险
保险性质	强制性	自愿性
缴费基数	上一年平均工资的60%到300%	上年度全省在岗职工平均工资的10%—50%
筹资方式	企业+个人	个人缴费+政府补贴
个人账户计算办法	个人账户：个人账户储蓄额/计发月数	个人账户：个人账户储蓄额/计发月数
政府责任	财政兜底	财政补贴
统筹层次	省级统筹	区(县)级统筹
社会再分配功能	强	弱
完善程度	较为完善	试行阶段

资料来源：四川省政府相关文件整理而得。

(二)相关配套政策

20世纪70年代制定的劳动力就业政策、户籍政策等相关配套政策，主要作用在于促进城镇的发展。随着经济的快速发展，目前这些政策在某种程度上可能不利于构建全国衔接的养老保障体系。因此，必须对原来的户籍管理和劳动力就业政策进行大力调整和改革。需要强调的是，该项改革是一个浩大的系统工程，涉及部门众多，需要其紧密协调和配合，否则城乡养老保障的衔接无从谈起。

(三)政府间的博弈

西部地区政府之间的博弈，在无形间影响了“城乡保”的统一构建。例如各地方政府为了防止本地区养老保险资金的外流，往往会鼓励在本地区工作的外籍人员在本地缴费参保，对参加当地养老保险进行强制性规定。也就是说，当这些

人员转移工作地点时，其养老保险关系却不能转移。具体而言，劳动力在城镇企业工作参加养老保险，缴费年限 15 年是一个重要门槛，对于那些已经缴费但没有达到缴费年限要求的劳动者，在其离开这个工作地点转到下一个工作地点时，其养老保险关系就此而终止，但其以前缴纳的保费则会留在当地而不能带走，或是只能够取出其个人缴费账户中的资金，而其他统筹的部分就会由于当地政府的限制而留在当地。显然，在这种制度下，部分政府不愿意将养老保险关系转出本地区，因为那样会使得本地区的养老资源减少，同时也有政府不愿意将养老保险关系转入本地区，因为本地养老资源的供求矛盾将更为突出。因此，从某种程度上来讲，各地政府为了各自的利益，所出台的各种地方政策极大地限制了养老保险关系的转移，这无疑使得城镇与农村养老保险融合的难度进一步加大。

三、城乡养老保障体系衔接机制中的政府责任

经过对城乡分离的养老保障体系的形成原因进行分析，可以明确政府在融合两种制度时应承担以下职责。

(一)明确衔接思路，树立公平、公正理念

十八大提出，到 2020 年“基本公共服务均等化总体实现”；十八届三中全会进一步提出，“建立更加公平可持续的社会保障制度”“让发展成果更多更公平惠及全体人民”①。因此，进一步深化相关改革，建立公平完善的养老保险制度，是值得期待的。我国的养老保障制度自建立以来，成就显著，但仍然存在很多缺陷与不足，其原因在于农村养老保障体系的建立理念定位存在局限性。具体表现为：机关事业单位较高的养老金替代率，企业职工养老金的连年上涨，城乡养老保障差距进一步扩大。政府在农村养老保障体系的构建中，应该承担维护社会公平与正义的社会责任，进一步树立公平、公正理念，应该着眼于缩小不同地区、不同群众之间的养老保障待遇差距，使养老保障体系从人人享有的制度覆盖走向人人公平享有的制度公平②。在制定养老保险制度时，要始终以公平理念为指导，在制度实施过程中始终以公平为要求，在评估制度的实施效果时以结果公平为标准。

(二)加快转移衔接，构建城乡统一的养老保障体系

西部地区各省份现行的基本养老保险关系种类繁多、类型复杂，这为融合统一各种养老保障制度带来较大难度。因此，西部各省地方政府应相互配合，加强

① 资料来源：中华人民共和国国家发展与改革委员会 http://www.ndrc.gov.cn/.
② 何文炯：社会保障从人人享有走向人人公平地享有[EB/OL].（2012-02-23）[2018-09-05]. http://society.people.com.cn/GB/168256/168260/17200432.html.

沟通交流，构建较为统一的养老保险关系，扩大现有养老保障制度的覆盖率，同时进一步补充完善各种养老关系，为将来构建城乡统一的养老保障体系做准备。

(三)改革和完善户籍制度、土地制度和劳动就业政策等配套政策

加快改革和完善户籍制度、土地制度和劳动就业制度等配套政策，是西部地方政府构建城乡衔接的养老保障体系的首要任务之一。“城乡保”建设需要西部各地政府充分协调合作，有序改革户籍、土地、就业等相关政策。同时应提供各种培训机会，加强对农民的就业培训，并加快土地流转制度建设，为增加农民收入提供更多可能性。改革土地制度、户籍制度以及就业制度，不仅有利于排除原来城镇与农村养老关系相互转移的诸多限制，而且会促进两者的融合，加快“城乡保”的建设进程。

(四)加强制度设计，完善城乡养老保障衔接机制

目前城乡养老保障体系设计相对碎片化，不利于构建城乡衔接的养老保障机制，因此，加强制度统一性，会对构建统一的养老保障机制带来极大便利。

1. 城乡养老保险账户的转换

由于“新农保”与“城居保”在基金计算上有较大不同，因此构建城乡统一的养老保障关系时应采用适当的计算公式进行转换。如政府可以为全体国民建立一个全国通用的个人账户，确保其能够使原来的“新农保”与“城居保”实现兑换，保护每个公民的合法权益。也可以将“新农保”的养老关系转换到城镇居民养老保险关系中，从而构建城乡统一的个人账户，同样也应当明确二者之间的兑换关系，明确各方的权利义务。

2. 城乡养老保险费的折算和缴费年限的确定

账户之间的转换完成以后，就涉及如何在两个账户之间进行兑换，以切实维护老百姓利益的问题。目前学界以及政府相关部门已经就此问题达成广泛共识，应根据转入地的缴费年限以及保险费用进行折算，如“新农保”账户转入到城镇养老保险账户中，就应当以城镇居民养老保障标准为依据，进行缴费年限和保费标准的折算和转换，同理，城镇转入到农村也是如此。但是如果政府构建全国统一的账户，就应确定特殊的折算关系，以确定“新农保”与城镇居民养老保险关系的转换。

3. 城乡养老保险金的待遇

城乡养老保险关系转移的根本问题是养老金待遇的问题，因此，养老关系调整以后，养老待遇的计算成为构建城乡统一的养老关系的关键环节之一。目前理

论界和政府相关部门认为比较合理的办法，是以转入地的养老金领取水平为标准，即如果是城镇养老保险关系转入农村，就以农村的养老金领取水平为标准发放，如果是农村转入到城镇就以城镇的养老金领取水平为标准。需要指出的是，“新农保”运行时间比较短，相对于城镇的养老保险统筹部分的积累还比较少，解决办法是，投保人在转入以后少领取一定的养老金，或者政府和投保人共同对不足的部分进行补交。因此，对养老金待遇问题必须有清晰认识，尽早决策，以免对养老保障体系的长久稳定运行造成不利影响。

第五节　西部地区农村其他养老模式中政府的社会责任分析

构建多元化养老保障体系，是西部农村地区在现有经济条件下，解决养老危机的必然选择。中国传统思想中的“孝文化”“家庭实用主义”“爱老敬老”“养儿防老”等观念在西部地区根深蒂固，其中有精华也有糟粕。因此，政府在构建西部地区农村养老保障体系，支持多元化养老形式发展时，要注意取其精华、去其糟粕，并重视与传统优良养老文化的协调发展。通过政府的积极引导，各种养老形式相互支撑、相互补充，对我国西部农村地区的养老保障具有重要意义。

一、“家庭养老”模式与传统养老文化协调发展的政府社会责任分析

“孝”是中华民族几千年来的传统美德，血缘关系决定子女在父母年迈时具有赡养义务。虽然市场经济的发展致使传统养老观念不断淡化，但是西部地区由于生产力不发达，交通基础设施落后等原因，传统文化仍然具有强大的生命力。“家庭养老”作为父母与子女之间资源融通机制的物质保障和精神慰藉，必将在很长一段时间内成为西部地区老年人养老的首选方式(张海川，2005)。因此，首先，政府应该继续弘扬“尊老、敬老、爱老”的道德观念，表彰敬老模范，增强榜样效应，将传统道德教育融入现代公民道德教育体系之中(冯永刚，2017)。其次，政府应该引导各方力量，对西部地区的家庭养老予以扶持。最后，政府应大力发展西部地区农村经济，增加农民收入，补贴乡镇企业，吸引劳动力返乡就业，从而提高家庭养老能力，缓解农村养老压力。

从表 6.13 可以看出，无论是中、西部地区还是东部地区，绝大多数农村居民都认为政府应当在家庭养老中承担提供一部分养老资金的责任。其中，西部地区 98%的农村居民持此观点。因此，政府应当弄清楚民众的真实需求，为家庭养老注入一定的资金支持。此外，政府可以依托西部农村地区的社区组织监督家庭养老，对不承担赡养义务，甚至虐待老年人的行为进行谴责，必要时动用法律武器进行追责。

表 6.13 2017 年西、中、东部地区农村居民认为政府应该承担的“家庭养老”责任(%)

地区	提供一部分养老资金	提供共同居处	加强养老习俗教育	惩戒不孝子女
西部	98	38	4	6
中部	95	35	6	3
东部	95	40	5	5

数据来源：本次调研搜集整理得到。

二、“自我养老”模式与传统养老文化协调发展的政府社会责任分析

自《中国老龄事业发展“十五”计划纲要(2001—2005 年)》实施以来，我国西部地区老龄化事业有了较快发展，并且在老年人的福利、教育、文化、健康等方面取得了很好的成就，老年人的合法权益受到保障(焦克奇，2002)。政府应当继续加大对西部农村地区老年人群体的关注，进一步丰富当地老年人的精神文化生活，为老年人营造方便舒适的生活环境和尊老爱幼的良好文化氛围。在西部农村地区，大力弘扬中华民族尊老、养老的光荣传统，表彰道德模范子女，扩大其正面影响及作用。实施生产老龄化战略，提高农民自我养老水平。由于大多数老年人长期从事生产劳动，在生产经验、自身家庭的经营和管理上具有一定的优势。然而，表 6.14 数据显示，西部地区农村居民中老年人从事农业生产的仅占 30%，远低于中部地区的 47%与东部地区的 58%。与此同时，西部地区农村居民中老年人从事不获得报酬的劳动所占比例是最高的。这反映出，西部地区政府在为老年人创造劳动机会上所做出的努力与效果是不足的。因此，国家应该加大对西部地区农业的补贴力度，从各方面鼓励和支持老年人发挥经验优势，为当地老年人创造经济价值搭建平台。

表 6.14 2017 年西、中、东部地区农村老年人劳动情况统计 (%)

地区	从事农业生产活动	经商	打工	从事不获得报酬的劳动
西部	30	8.5	32	29.5
中部	47	13	27	13
东部	58	8	30	4

数据来源：本课题组调研搜集整理得到。

三、“商业养老保险”模式与传统养老文化协调发展的政府社会责任分析

我国西部农村地区的大多数农民思想落后，观念闭塞，无法接受保险机构短暂的资金占用，认为这种投资存在极大风险。

由表 6.15 可见，西部地区农村居民参加商业养老保险的比重仅为 2.1%，为全

国最低。因此，政府应该承担责任，加大对西部农村地区现代养老观念的宣传力度，把传统养老观念与之相结合，并详细讲解商业养老保险的优势，培养农民的现代保险理念，帮助农民理好养老经济账，从而引导农民自愿参保。

表 6.15　2017 年西、中、东部地区农村居民是否参加商业养老保险的比率(%)

地区	是	否
西部	2.1	97.9
中部	3.4	96.6
东部	4	96

数据来源：本课题组调研搜集整理得到。

四、“养老保障服务”模式与传统养老文化协调发展的政府社会责任分析

在新的经济社会环境下，发挥西部地区家庭养老的基础性作用，依然是当地农村养老保障体系设计的核心问题。随着人均寿命的增加和家庭的小型化、核心化程度的加深，西部农村地区家庭自身的承受能力有所下降，养老问题对外界的依赖性也随之加强。养老服务能够有效补充、辅助家庭养老的持续运行。因此，我国西部地区开展养老互助服务既是传统养老价值观中村落共同体意识回归的惯性使然，也是传统养老制度安排中宗族与社会组织辅助养老形式的现代转型，中央和西部地区的地方政府应该出台政策予以支持和引导。

第七章　农村养老保障体系建设中政府责任的国际比较及启示

第一节　国外养老保障体系的发展历程及主要模式

一、发展历程

生、老、病、死是自然界的客观规律，由此产生的养老问题也贯穿人类社会始终。虽然现代意义上的养老保障制度才建立一百多年，但养老的思想和行为在几千年前就已经出现了，例如“有虞氏养国老于上庠，养庶老于下庠”就是我国早期朴素的养老保障思想的体现(钱玄, 2004)。西方国家的养老保障制度从建立至今已发展了一百三十多年，虽然其建立发展的时间不同，社会历史条件、经济文化基础、政治制度各异，发展程度千差万别，但是其演变进程，大体可以分为萌芽、建立、发展和改革四个时期。

(一)萌芽时期(17世纪初到19世纪中期)

15 世纪开始以来，欧洲的商品货币关系不断发展，代表落后生产方式的农奴制在贸易最为繁荣的英国开始瓦解。英国的羊毛出口业和毛织业逐渐发展起来，圈地运动兴起，农民的土地被剥夺，失地农民丧失了经济来源，生活贫困。原本靠土地为主的家庭养老模式已经失去存在的基础，农民的养老问题迫切需要解决。以教会为主的传统民间慈善组织面对数量如此庞大的失地农民，也显得无能为力。1601 年，英国政府为了解决贫困问题，维护社会秩序，颁布了《济贫法》，通过立法规定国家可以征收专门的税收筹集资金，为丧失收入来源的老年人发放济贫费。这是世界上第一次把养老等社会保障问题以国家法律形式确立，标志着政府开始承担相应的社会责任，干预社会保障问题。之后，其他国家也开始对其社会贫困阶层建立救济法律，瑞典和荷兰分别在 1763 年和 1854 年通过了自己的《救济法》。旧《济贫法》在英国实行了 200 多年之后，1834 年国会结合养老保障中的新问题对其进行了修正，通过了新《济贫法》(胡继晔, 2011)。

该时期的养老保障体系刚刚萌芽，特点有：第一，政府开始干预养老问题，但其承担的责任仅限于“济贫”，覆盖范围只包括贫困人口，保障水平仅限于解决温饱问题，养老仍然主要依靠家庭。第二，政府只是对贫困、养老等社保问题进行干预，没有单独对社会养老问题进行调控，更没有建立系统的养老保障体系。

（二）建立时期（19 世纪后期到二战中后期）

19 世纪后期，欧洲各主要国家陆续完成了第一次工业革命。工业革命使国家在产业结构、经济基础、社会结构等各方面都发生了一系列变化。经济方面，社会生产力得到突飞猛进的发展，工业迅速发展，取代了农业的支柱地位，国家积累了大量财富，开始有财政能力提供养老等社会保障服务；社会结构方面，随着工业的迅速发展，产业工人开始成为逐渐壮大的社会阶层，组织化程度也日益提高，工会力量逐渐强大，积极争取更好的工作条件和保障待遇。同时，工人阶级自发设立互助基金会，实行自愿加入的原则，会员定期缴纳相当于保险费的会费，当有会员面临疾病、工伤等风险时，基金会提供援助。这为政府建立社会保险提供了群众基础和实践经验。

为了减轻贫困，缓和阶级矛盾，欧洲各国政府纷纷颁布了保障人们基本生存需要的法律规定，开始建立系统的社会保障制度。1883 年，德国政府颁布了《疾病社会保险法》，随后在 1884 年颁布《工伤事故保险法》，并在 1889 年颁布《老年和残疾社会保险法》，这三部法律分别在疾病、工伤、养老等方面进行了明确规定，是人类历史上最早的较为系统的关于社会保障的系列法律，极大地推动和促进了世界范围内社保制度的建立和发展。紧接着，欧洲各国先后建立起本国的第一套社会保障制度。1892 年，丹麦为其超过规定年龄的老年人提供养老金，这是世界上非缴费型养老保障制度的开端，也是福利国家养老模式的雏形。1894 年，《强制退休法》在法国政府实施，1898 年意大利颁布了《老龄残疾保险法》，1908 年，《养老金法案》开始在英国实行，1913 年瑞典开始为全体国民建立养老金制度。截至第一次世界大战前，英国、法国、瑞典等欧洲主要国家均建立起社会养老保险制度，掀起了一股建立社会保障制度的潮流（李珍, 2007）。

1928 年，法国政府通过并开始实行《社会保险法》，详细规定了养老、疾病、工伤、生育、残疾等社会保障制度。1935 年，经过工业革命的财富积累，美国政府已经拥有为民众提供养老保障的经济基础，在经济危机的催化作用下颁布了《社会保障法》，对社会保障的内容进行了全面规定，并强制实施，奠定了其日后市场化的养老保障制度的基调。截至第二次世界大战结束，养老保障制度已在全世界 30 多个国家建立起来（李珍, 2007）。

这一阶段的养老保障制度发展迅速，有鲜明的特征：第一，伴随着经济发展和城市化进程的推进，政府介入社会养老保障已成为社会发展的必然，家庭养老的支柱地位不再强大。第二，世界大部分国家开始构建系统的社保体制并立法实施，养老保障制度作为社会保障制度中的关键一环，受到政府立法和制度建设的重视。第三，养老保障的主要惠及人群为城镇人口，农业劳动人口很少被纳入养老保障体系，更没有专门针对他们的养老保险，保障范围和层次较单一。

（三）发展时期（二战后期至 20 世纪 70 年代）

二战后，一方面，西方各国的科技革命迅速发展，各个国家迎来了新的经济腾飞，政府财政力量日渐雄厚，有经济实力建设覆盖范围更广、保障范围更全面的社保体系；另一方面，二战后百废待兴，各国政府为了恢复生产，提高人们的劳动积极性，就有必要在养老、工伤等方面解除人们的后顾之忧，建立完善的保障制度，这成为各国发展养老保障制度的政治基础。

1942 年，《贝弗里奇报告》问世，为福利国家的社会保障模式奠定了基础。1945 年，英国开始实施《家庭补贴法》，紧接着在 1946 年又通过了《国民健康服务法》等一系列社会保障法律法规，对社会养老、国民健康和工伤等问题中的政府责任进行了详细规定。至此英国建立起了较为系统的社保制度，开创了福利国家模式的先河。之后，瑞典、芬兰等欧洲国家相继模仿，政府在社保体系中承担了较多责任，逐渐走上了福利国家的养老模式之路。二战后，美国政府为了迅速恢复国内状态，也着力调整其社会保障制度，从 1946 年开始，陆续在就业、住房等方面颁布了一系列法律，并根据国情调整修正了《社会保障法》，通过一系列法律法规，进一步完善了其社会保障体系。截至 1970 年，社会保障制度已覆盖了全球 70 多个国家（胡云超, 2005）。

该时期的养老保障制度呈现飞速发展的态势：一方面，世界上越来越多的国家完成了社会保障体系的搭建，政府提供基本的养老保障的理念被各国政府普遍接受；另一方面，各国开始探索符合国情的社保模式，养老保障制度得到充分演变。由于各国在经济、文化等方面的差异，在探索本国的养老体系的发展过程中，演变出了多种多样的养老保险制度模式。

（四）改革时期（20 世纪 70 年代以来）

20 世纪 70 年代，“石油危机”爆发，西方各国经济陷入“滞胀”状态，政府财政收入因此骤减，已不能满足人们日益提高的社会保障发展需要。人口结构方面，户均家庭人数越来越少，家庭在养老方面的作用已经极为弱小；另外，由于出生率的持续下滑和人均寿命不断提高，各国纷纷步入老龄化社会，巨大的养老金开支持续吞噬着政府财政。各国政府，尤其是福利国家政府开始考虑养老保障体系的可持续性问题，对传统政府大包大揽的养老保障模式进行反思，改革社会保障制度。

各国政府的改革主要围绕降低政府的财政责任，提高个人和雇主缴费比例，拓宽养老金筹资来源，延长法定退休年龄，构建适用不同人群的多层次的保障体系等方面进行。1981 年，德国政府增加了职工和雇主的养老金缴费比例，分别提高了 0.5%和 0.25%，职工方面缴费比例达到 18.5%。1980 年，法国和比利时进一步扩大养老金资金来源，开始征收退休金所得税。瑞士从 1985 年开始推行多层次的养老保障模式。英国政府也对其社保制度进行了深层次改革，于 1986 年开始实施新的社保法，降低了遗嘱养老金的发放标准，并降低享受养老金的最高比例。1992 年，美国、意大利、德国和新西兰延长了法定退休年龄和缴费年限，减少养老金开支(钟仁耀, 2004)。

该阶段的养老保障制度以反思、改革为其鲜明特征。受到人口老龄化与政府财政收入增速下滑的叠加影响，各个国家纷纷开始改革原有的养老保障制度。它们不再过分强调养老保险的政府责任，减少政府的财政投入，提高个人和企业的缴费比例，延长法定退休年龄，从单一的社保发展到增加了职业年金、商业养老等多层次的保障体系，扩大养老金筹资，即向多支柱、多筹资来源方向发展，探索养老保障制度在更复杂形势下的持久运行。

二、主要模式

国际上对于养老保障制度模式的分类，存在着不同的划分方法，通行的做法是：根据养老金的性质、政府承担责任的大小和范围、基金的来源、发放的标准和待遇水平等不同，把其分为福利国家型、社会保险型和强制储蓄型三种。在这三种养老保障制度中，政府的权责界定不一，扮演的角色各异，发挥的作用不同。

(一)福利国家型

在福利国家模式下，全体公民享受国家提供的普惠型养老保障制度，养老待遇水平较高，养老资金主要或全部来源于国家财政，个人负担很少的保费甚至完全免费。福利国家模式的主要特点有：第一，养老资金主要或全部依赖于国家财政，国家以高税收向企业和个人征税，然后以养老金支出的方式进行收入的二次分配，个人几乎不缴纳养老费。第二，十分强调养老保险的公平性。一方面，养老保险能够惠及社会大多数成员，普及程度较高；另一方面，养老待遇标准过于平均，和个人对社会的贡献关系不大。第三，养老保险的财务运行模式为现收现付制，即现在工作的人缴纳的养老保险费主要发放给当前已退休的人，以收定支，基金不需累积，面临的长期通胀压力较小。

福利国家型养老保障制度的缺点在于：第一，单一的筹资来源及较高的待遇水平给政府财政造成了巨大负担。第二，忽视了个人在养老中的责任及待遇标准过于平均，这会降低个人创造财富的积极性，有“养懒汉”的倾向。因此，在老龄化逐日加深并且全球经济放缓的背景下，政府的财政压力日渐增大。为了制度的长久健康运行，各国纷纷改革福利型的养老保障体系，降低财政支出，强调个人应承担更多的责任。

福利国家模式于二战后期正式形成，英国、瑞典是典型代表国家。英国实施该模式的背景如下：

政治上，由于经济危机和二战的双重影响，就业、健康、养老等社会问题越来越突出，济贫式的社会保障已不能满足需要，工人运动不断发展，统治阶级为了维护政权稳定，不得不建立更全面和更高水平的社会保障制度。

经济上，经过工业革命的发展，政府积累了一定的财富，有能力供给更高水平的社会保障制度；另外，政府通过高税收集聚财富，并通过各种政策进行二次分配；同时，二战后，国家各方面百废待兴，政府为了迅速恢复发展，需要建立较全面的社会保障制度，帮助人们重拾生活生产的信心。

社会心理方面，国家实施干预以恢复经济，国家统一领导人民并取得战争胜利，这些都向英国的社会各阶层表明，国家干预、统一调控，可以成功解决部分社会经济问题。另外，二战使英国社会各阶层暴露在共同的风险下，人们不再认为单靠个人力量可以化解所有风险，迫切希望国家建立统一的保障制度。

思想理论方面，20 世纪以来，新自由主义、社会民主主义在英国兴起。1941 年《费边社会主义》问世，详细阐述了国家应为普通大众提供全面的福利保障制度。1942 年，著名的《贝弗里奇报告》问世，全面论述了政府应为人民提供全方位的保障制度，并阐明了政府责任的边界。该报告成为英国政府实施福利国家型社会保障制度的理论基础。

(二)社会保险型

社会保险型养老保障制度在国家承担养老保险责任之外，强调了个人和企业的责任，个人能够领取养老金的数额在很大程度上由其累计缴费数额决定。社会保险型养老保障制度是福利国家型和强制储蓄型的综合。第一，注重权利和义务的对等，养老金领取水平取决于个人的缴费水平，个人有享受政府提供的养老服务的权利，也承担支付养老保险费的义务，在保证公平的同时注重效率。第二，一般实行混合制的财务运行方式。个人账户累积计算个人所缴纳的全部保费归个人所有；企业缴纳保费划入统筹账户，实行“现付”，即对于现在已退休人员，他们的养老金中的一部分即来源于此。

社会保险型模式开始于 19 世纪 80 年代，之后在世界范围内广泛流行，其主要代表有德国和美国。德国推行该种模式的历史背景如下。

政治上，第一，受国家干预主义的影响。1871 年德意志实现统一，其宪法吸收了原普鲁士宪法的主要精神，实行资产阶级专制主义，国家对经济政治等各方面实施干预，这奠定了德国政府调控干预、建立统一的社会保障制度的政治基础。第二，政府缓和阶级矛盾，维护政治统治的需要。第二次工业革命使德国产业工人的数量大幅增长，工会的规模和影响力不断壮大，而恶劣的工作环境和失业、疾病、养老等风险一直困扰着工人阶级，工人运动愈演愈烈。俾斯麦政府为了维护政局稳定，不得不改善工人的福利状况，建立全面的社会保障制度。这种为了缓和阶级矛盾的被迫行为，也奠定了德国实施社会保障制度的基调，即不可能建立水平过高的福利国家型社会保障制度。

经济上，经过两次工业革命，德国政府积累了大量财富，对社会保障支出，国家有能力承担一定的财政责任。

社会实践方面，在德国还未建立起系统的社会保障制度之前，社会上已产生了疾病、养老等互助保险组织，保费由雇员和雇主共同负担。这就强化了个人和企业的责任，为日后德国推行强调国家、个人、社会三者分担的责任模式奠定了群众基础。

思想理论方面，19 世纪 70 年代德国开始流行“讲坛社会主义”，其主张通过温和的社会改良来化解矛盾，认为政府有为人民谋求福利的职责，且应建立社会保险等制度，改善工人的生产生活条件，通过教育化解矛盾。

社会保险型养老保障制度因其强调了权利与义务对等的原则，兼顾了效率与公平，目前被大多数国家所采用。但面临着全球老龄化持续深化的局势，巨额的养老开支给政府财政带来巨大负担。如何减轻政府财政负担，发展多支柱的养老保障体系，是当前各国政府面临的难题。

（三）强制储蓄型

强制储蓄型模式注重养老责任的个人自付，养老资金几乎完全由个人与企业负担，对政府是否承担养老费用没有过多要求，一般情况下政府只提供给投保人一定的政策优惠。这种养老模式的特点有：第一，养老费用几乎全部来源于个人，政府一般仅提供税收优惠，对保费支出和养老金领取很少补贴或不补贴，承担的财政责任少，财政压力较小，能较好地应对老龄化造成的政府财政支出压力。第二，个人的年老风险全部由自己承担，不涉及同代人及异代人之间的风险分散，有失社会公平，且与建立社会保险的初衷即全社会互助互惠的愿望相背离。第三，其财务运行模式为完全累积制，基金如何应对通货膨胀、实现保值增值是该模式主要面对的问题。

强制储蓄型模式起源于 20 世纪 50 年代，在新加坡等新兴市场经济国家广泛发展。新加坡实施该种模式的主要背景如下：

政治上，1955 年，英国殖民政府为了维护其统治，建立起中央公积金制度，旨在解决职工养老问题。20 世纪 60 年代，新加坡独立，实行高度集权的政治体制，政府在社会保险等各方面实施干预并强制推广。

经济上，1959 年新加坡邦政府成立初期，其面临严峻的经济形势，住房、就业、养老等问题突出。为了迅速发展经济，在邦政府财政力量薄弱、无力承担较大的财政支出的情况下，以个人和企业缴费为主，能够充分调动个人的工作积极性，提升经济活力。

社会、国情方面，新加坡属于国土面积小、人口总量少的城市型国家，政府推行各种制度较为容易。另外，新加坡是一个多民族、多宗教的移民国家，为了使各类人口迅速融入社会，国家有必要建立完善的社会保障制度。

最后，随着人口老龄化的发展，福利国家型和社会保险型模式下的政府财政面临着巨大压力，这也促使新加坡实行强制储蓄型模式。

这三种模式的价值取向差异主要表现在如何对待效率和公平上。福利国家型最注重社会公平，但效率最低下。强制储蓄型模式较好地实现了效率，但较严重地忽视了社会公平。社会保险型模式介于二者中间，虽然兼顾了效率和公平，但又同时存在效率和公平的双重问题。

我国目前的新型农村养老保险比较接近于社会保险型模式。养老责任由个人、集体和国家三方负担，较好地兼顾了效率和公平。当前我国农村人口老龄化越来越严重，农民养老需求和养老投入持续增加，养老支出完全由政府负担显然不现实。在农民收入和缴费能力进一步提高的前提下，这种模式比较适应我国农村当前的养老形势。

第二节　农村养老保障体系建设中政府责任的国际比较

在构建农村养老保障体系中，政府到底应该承担哪些责任？从经济学的角度出发，当前理论界的普遍观点是，政府在制度设计、财政负担、监督管理三方面应主动承担责任。另外，根据其他国家农村养老保障体系构建的经验，并结合我国城乡二元结构的情况及农村居民传统观念较深的特点，制度建设在农村养老保障体系建设中也极为重要，政府在制度建设中应该主动承担相应责任。下面就国际上农村养老保障体系建设中政府在制度设计、财政负担、监督管理方面的责任进行分析比较。

一、政府立法责任比较

养老保障制度建设较成功的国家的共同点之一， 就是建立了完备的法律制度，养老保险的实施和推广有国家威信力和强制力做保障。德国作为农村养老保障体系建设的先驱，其在社会保险立法方面也走在世界前列。从 1883 年开始，其先后颁布了《疾病社会保险法》《工伤事故保险法》《老年和残疾社会保险法》，搭建了较为系统的社会保障法律架构，构建了较为系统的社保体系。1886 年颁布专门法律，规定要为农场雇员构建养老保险制度，这是德国首次单独立法规定农民的养老保障问题。之后，德国继续推进农村养老保障制度的构建，1951年，为了进一步解决农业劳动力老龄化和青年劳动力不足的困境，颁布了《农民养老保障法》，这是第一个较为系统地规范农民养老保障问题的法律文件。1957年，德国政府为了有效落实相关农业政策，解决农民养老问题，通过了《农民老年援助法》，老年农民从此可以享受到国家的养老保障，农村养老保险在德国得到进一步发展。1995年德国通过了《农业社会改革法》，不仅能使更广范围的农民享受到养老服务，还转变了对农民的保障方式，从社会援助改为社会保险（和春雷, 2001）。截至目前，德国构建起了一套系统、详细的农村养老保障法律，使其农村养老保险制度的有序发展有了可靠的法律依据。

相比之下，很多国家农村养老保障体系建设不完善的主要原因之一，就是政府没有建立起行之有效的养老保障法律制度。有的国家虽然建立了相关的养老保险法，但照抄照搬别国法律，没有结合本国国情制定适合自己的养老保险法，无法发挥法律应有的作用。

二、政府统筹城乡养老保障体系发展的责任比较

通过研究国际上农村养老保障体系建设的规律，可以看出，根据各国城镇化程度的高低、城乡二元结构是否明显及农业占国民收入比重的高低，一些国家的养老保障制度是"一元化"的城乡统一模式，城镇和农村居民全部享受同一个养老保障体系；另一些国家采取"二元化"或"多元化"的分立模式，或者根据地域或者根据职业，针对农村和农村居民建立了专门的农村养老保障体系，城镇和农村居民由两套不同的保障制度覆盖。

（一）城乡统一的养老保障体系

城镇化水平较高、城乡二元结构不明显及农村居民收入水平较高的国家一般实行城乡统一的养老保障体系。英国、智利是实行该种模式的代表国家。

1. 英国全民统一的"一元化"制度模式

英国国土面积约24.41万平方公里（包括内陆水域），截至2015年6月，英国人口达到6510万人，其中老年人口占总人口之比达到18.12%，人口老龄化程度目前处于世界前列。英国的人口老龄化开始时间较早，1930年其老年人约为总人口的7.4%，1951年占比10.9%，1971年升至13.2%，2014年达到17.4%[①]。

英国实行"一元化"养老保障制度模式的国情背景为：人口分布和城镇化水

① 数据来源：世界银行：http://data.worldbank.org.cn/country/united-kingdom.

平方面，英国早期的圈地运动及土地私有制改革，使其迅速脱离了家庭手工业和小农经济，最早完成工业革命，进入工业化社会。二战后，英国彻底实现了工业化和城市化，扭转了城乡二元的社会结构。1951 年，农业劳动人口仅为总劳动人口的 5%，1975 年占比 4.2%，2008 年占比不到 2%，约 4/5 的人口居住在城市，城市化水平非常高，城乡文化差异较小。农民收入水平和缴费能力方面，英国农业土地规模化经营，农业生产实现了高度机械化和现代化，农民收入水平较高，农场主收入位于各行业收入水平前列。

在这种社会、人口背景下，英国实行福利国家型的养老保障模式，其养老保险不区分城市和农村，采用统一的养老保障体系。养老保险的缴费标准、领取待遇等不区分城市人口和农村人口，实行统一标准，只针对收入水平划分，对低收入群体有补贴措施。

2. 智利城乡统一的养老保障体系

2014 年，智利国土面积约 75.7 万平方公里，人口总数为 1776 万人，90%以上的人口集中居住在中部地区，超过 1/3 的人口居住在圣地亚哥，人口分布极不均衡。2014 年，智利的老年人口占比约 15%，是拉丁美洲仅次于乌拉圭的第二大人口老龄化国家①。1950 年，智利农村人口占比 39%，1955 年占比 32%，1960 年占比 25%，2010 年占比 11%(何平，2011)。智利城市化水平较高，2014 年人均国民收入 14900 美元，位于南美洲诸国首位。

智利实行强制储蓄型的养老保障制度，其《养老保险法》规定，不区分城市和农村，所有就业人员必须加入养老保险制度，个人缴纳月工资的 10%，雇主和政府无须缴纳保险费，政府仅提供一定的政策优惠。

(二)独立的农村养老保障体系

根据国家经济发展水平的不同，独立的农村养老保障体系可以分为两种：一种是经济发达国家的养老保障体系，农民收入较高，设置独立的农村养老保障体系更多是为了推动国家农业政策、经济政策的实施；另一种是发展中国家的养老保障体系，因为城市和农村发展差异较大而不得不设置单独的农村养老保障体系。德国、日本属于第一种情况，设立独立的农民养老保障体系，主要是落实国家农业政策的需要。

1. 德国独立的农民养老保障制度

德国推行独立的养老保障制度的背景如下：

人口结构、城镇化水平方面：德国的城乡一体化特征明显，农业现代化程度

① 数据来源：世界银行：http://www.worldbank.org/en/country/chile.

高，农民有较强的缴费能力。截至 2015 年，德国总人口 8120 万，老年人口占比为 20%，人口的老龄化程度较高，从事农业的劳动者占总劳动人口之比约为 1.7%[①]，也是世界上的农业现代化强国，其农业生产现代化程度高。

家庭结构、社会传统方面：长期以来，德国农民的养老问题由其家庭成员负责，政府没有把农民纳入养老保障体系当中。随着城市化的发展和生活观念的转变，越来越多的年轻人离开父母到城市生活，家庭的养老功能逐渐弱化，迫切需要政府建立农民养老保障制度。

国家政策调控方面：德国的农场主在退出农场经营时，可以从农场出让交易中获得一笔出让金，但由于生活成本的提高，这笔出让金越来越不能满足养老需要，所以农场主为了避免过早地陷入经济困难，尽量延迟退休，在年老时仍然继续工作。这使得德国农业从业人口年龄较高，效率较低。为了促进年老农民及时出让农场，提高农业经营效率，1957 年德国政府设立专门的农民养老保障制度，规定达到法定退休年龄的农民，可以通过继承、出售等多种方式把农场移交出去，只有脱离农业生产的老年农民才有资格领取养老金。这使得农民养老金的领取条件和方式与其他人群区别开来，成为独立的农民养老金制度。

德国独立的农民养老保障制度实施方面：德国的社会养老保障体系按照职业进行划分，从事农业的人员分为农场主和农场的雇员，分别归属于不同的养老保险体系，其中雇员参加雇员养老保障系统中的工人或职员养老保险，农场主作为独立经营者参加独立经营者养老保障系统中的农民养老保险。所以农村养老保障制度的覆盖人群是缴费能力较强的农场主、农场主配偶及与其共同劳动的家庭成员，见图 7.1（曹信邦　等，2011）。

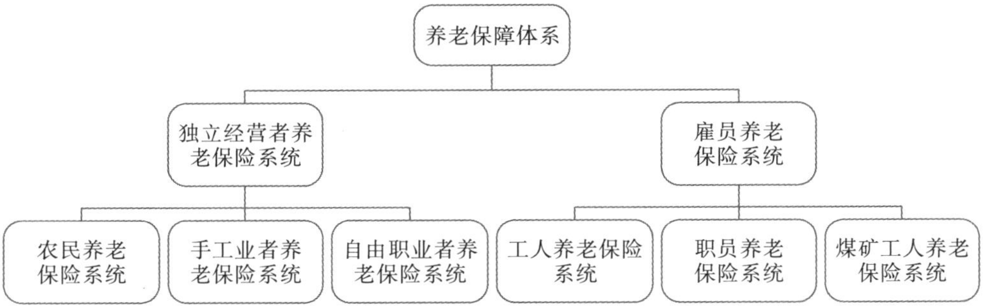

图 7.1　德国的社会养老保险系统分类

2. 日本相对独立的农村养老保障制度

日本建立独立的农村养老保障制度的背景如下：

人口结构方面：日本农业人口为 209 万人，约占总人口的 1.6%。农业从业人

---

① 数据来源：世界银行：http://data.worldbank.org.cn/country/germany.

口较少，但农村人口老龄化程度极为严重。截至 2014 年，日本老年人口占比达 26%，其老龄化水平已经达到超老龄化水平，农村人口老龄化比城市更为严重①。日本国土面积较小、山地较多且耕地零星分散，耕地资源极为有限，农业生产属于精耕细作的家庭制小农业。

家庭结构、社会传统方面：和德国类似，20 世纪以来，随着城市化的推进，年轻人口流入城市，老年人口留守农村，农村家庭的养老功能逐渐弱化，老年农民的养老问题成为难题。

国家政策调控方面：农业劳动人口的老龄化、农业经营规模的微型化，严重阻碍了日本农业的现代化。20 世纪 50 年代以来，日本政府陆续出台了《农地法》等法规制度，鼓励农民规模化生产，对出让土地的农民由政府给予一定的出让金，保障其养老需要。然而只有国民养老金和农地出让收入，使得农民的养老保障水平仍停留在较低水平，为了使农民获得与其他群体相当的保障水平，日本政府又建立了专门针对农民的农业劳动者年金。

思想理论方面：二战后日本受到欧洲福利国家思想的影响，认为每个公民都应得到全面的保障，这使得政府扩大了养老保障体系的覆盖人群。日本新宪法规定："国家必须在生活的一切方面为提高和增进社会福利、社会保障以及公共卫生而努力。"

根据保障水平的不同，可以将日本的社会养老保障体系划为以下几个层次：保障水平最低的是国民养老金，不分职业和社会身份，包含全体国民，位于第一层次；第二层次根据职业分为三大类，其中农民和个体工商户为一类，有单独的养老保险体系，是国民养老金的补充；第三层次保障水平最高，只包含企业员工。见表 7.1(夏鲁青，2009)。

表 7.1　日本社会养老保险的三个层次

层级	名称	对象
第三层次	厚生年金基金 新企业年金	企业员工
第二层次	国民年金基金	农民、个体工商户
	农业劳动者年金	农民
	厚生年金	企业员工
	共济基金	公务员
第一层次	国民养老金	全体国民

① 数据来源：世界银行：http://data.worldbank.org.cn/country/japan.

日本实行相对独立的农民养老保险，主要表现在第二层次的农业劳动者年金和国民年金基金两方面。农业劳动者年金只面向农民，其具体实施，根据不同时期国家的农业发展政策有所不同。为了鼓励农民出让土地经营权、提高农业规模化生产，日本政府规定，对于年满 65 岁且缴纳养老费 20 年以上的农民，如果出让了农地经营权，则每年可以额外领取一笔特例附加养老金。但当政府鼓励小农生产，即收回流转土地经营权时，该附加养老金则会取消。

3. 巴西独立的农村养老保障体系

巴西实行独立的农村养老保障体系的主要原因在于巴西农村社会分化严重，农民普遍收入不高，缴费能力较弱。农民的贫困问题，尤其赤贫问题极为严重，需要国家对农村养老保障给予较多的扶助。截至 2014 年巴西总人口 2.03 亿人，其中农村人口占 13%[①]。巴西的农业资源丰富，农业发展水平位于第三世界国家前列。但巴西土地资源分布极为不均，44.6%的土地被 0.9%的大庄园主占有，这部分土地生产的规模化和现代化水平较高；剩余的土地由农民经营，属于小农经营，生产效率较低。土地资源的分配不均造成巴西农村两极分化严重，大庄园主极其富有，广大农民较为贫困。

为了解决农民的贫困问题，政府实施的政策之一就是政府养老，农民无须缴费。其资金主要来源于三方面；第一，政府税收和国债收入；第二，对农产品的第一次销售收入征收约 2%的税；第三，对城市中的企业主、有雇工的商户，规定其按每月发放雇工工资总额的一定比例纳税，计作农民的养老保险费。该制度在巴西得到迅速推广，几乎所有的农村人口都已加入(林义，2006)。这种对农民实行特殊补贴的养老保障制度较好地解决了农村的赤贫问题，缓和了社会矛盾。

对于养老保障体系的城乡分立或统一，到底构建哪一种，关键在于一国国情的实际需要。城乡统一的养老保障体系不区分农村和城市居民，不仅能降低制度管理开支，更有利于社会公平。但其适合城市化水平较高、农民收入较高的经济发达地区。对于独立的农村养老保障体系，政府能给予农村养老保险制度特殊优惠和差别待遇，适合农民缴费能力不高的地区，有利于惠及更多的农村人口。另外，政府可以把农村养老保险制度和农业政策等农村政策结合实施、互为条件，这样能够较好地达到政策目标。

三、政府财政责任比较

多数国家的经验已证明，政府在构建农村养老保障体系的过程中，承担财政责任的方式和多少，已成为制度能否成功运行的关键。下面从政府承担财政责任

---

① 数据来源：世界银行：http://data.worldbank.org.cn/country/brazil.

的方式和大小两方面比较不同国家政府承担财政责任的差异。

（一）政府承担财政责任的方式

政府承担财政责任的方式主要分为直接财政补贴、间接税收优惠两种。直接财政补贴指政府直接从财政收入中划分出一部分用作养老保险金支出。直接财政补贴主要分为两种：①从国家国库资金中直接拨款，非洲、南美洲的大部分国家实行的是这种补贴方式；②专门征收特种税，补贴到农村养老保险基金中。如巴西对初次购买农产品征收2%的农业产品税，对城市中的企业主、有雇工的商户，按每月发放雇工工资总额的一定比例纳税（林义，2006），将上述两种税收完全计入农村养老保险基金。一般来说政府会同时使用直接拨款和专门征税这两种方式。间接税收优惠是指政府对缴纳养老保险的人提供税收优惠。如美国的401K计划，参保人员缴纳的保费在缴纳当年不计入纳税范围，直到退休后再纳税，相当于大大延迟了纳税时间，增加了人们的投保积极性。新加坡的中央公积金制度，存入公积金账户的收入无须纳税，这使人们愿意存入更多收入到公积金账户。

（二）政府承担财政责任的大小

根据政府承担财政责任的大小，农村养老保障制度可以分为三类：一是非缴费型，即养老保险完全或大部分由政府财政支持；二是部分缴费型，即由个人、企业和政府共同承担养老费用；三是完全缴费型，即完全由个人缴费，财政仅提供税收优惠。

（1）非缴费型的农民养老保险。农民个人无须缴纳保费或缴纳少量保费，主要依靠政府财政补贴和其他转移收入来发放养老金。实施该种模式的主要国家类型有：①农民收入较低、缴费能力较差的国家，如南美洲、非洲的大部分国家；②福利国家型养老保障制度的国家，实施高税收、高福利，如北欧的瑞典、挪威。

巴西实行非缴费型的农民养老保障制度，其实施的主要背景如下：

农村基本情况方面：20世纪50、60年代，巴西农村人口占总人口1/2以上，但其农业土地资源分布极不均匀，全国大部分土地由少数大农场主所有，大量农民没有土地或仅有少量土地，农村贫困现象尤其是赤贫问题严重，极大阻碍了社会进步和经济发展，迫切需要政府出台强有力的政策，改变贫困状况。此种情况下，农民的温饱已成问题，更无力承担养老保险费。

政府财政方面：20世纪60、70年代，巴西经济飞速发展，GDP年均增长逾10%，政府财政收入稳步增长，为其实施全民性的福利计划提供了经济基础。另外，自19世纪后期以来巴西在政治、经济等方面持续依附于英国，其社会保障制度也受到英国“福利国家”模式的影响。

巴西的农村养老保障体系主要包括：农村年金计划和农村社会救助年金计划，这两种年金计划都依赖于政府财政收入。农村年金计划的主要资金来源是国债收入和税收，此外还专门征收特种税，如对农产品初次购买者的购买额的2%进行征税，对城镇雇工工资收入的3%征收工薪附加税。政府承担了养老资金来源的91.6%，农民不缴纳养老保险费(林义，2006)。这种制度由于不需农民缴费，几乎覆盖了农村的所有人口，对于改善农民的贫困状况起了很大作用，如阿根廷、巴西的农村赤贫率十年来分别降低了约67%和96%(陈志国，2005)。

(2)财政补贴的部分缴费型养老保险。养老金发放并非全部依靠政府财政，农民需要缴纳部分费用才能领取养老金。采用这种类型的国家一般有两种：①养老保险采取社会保险型模式的国家；②农民有较高的收入水平与缴费能力的经济发达国家。如欧洲的大部分国家，政府财政承担了养老金支出的主要部分，一般占到了 70%～90%的比例。奥地利的政府补贴也占养老金支出的 70%，希腊、波兰均达到了 90%。日本在养老保障体系的第一层次——国民养老金的保费来源中，政府只承担了33%左右；在第二层次的农业养老金的支付中，承担了2/3 的比例(陈志国，2005)。德国养老资金的来源有两个渠道：投保人的保险税和政府的财政补贴。2003 年政府补贴占农村养老金支出的 70%左右(朱立志 等，2005)，为养老金的主要来源。

德国实行部分缴费型的农民养老保险的主要背景为：第一，农民缴费能力方面，德国农民收入较高，作为农民养老保险的保障对象，农场主的收入水平位居德国所有职业收入水平的前列，具有较强的缴费能力；第二，制度体系方面，在政府把农民纳入养老保障体系之前，其养老保险实行的是个人、企业、国家共同负担的缴费制度；第三，思想理论方面，二战后，德国推崇社会市场经济理论，强调公平和效率并不矛盾，且互为条件，社会福利不是无限制的福利，在社会保障制度中，个人要承担一定的责任。

(3)完全缴费型农村养老保险。参保者个人完全承担保费支出，政府一般不提供保费补贴和养老金给付补贴，只提供一定的税收减免政策。实行个人完全累积制的国家一般采取这种类型，如新加坡、智利。

两国实行完全缴费型的养老保险的共同条件为：第一，国土面积较小，人口较少，国民贫富差距和区域差距较小，国情较为简单，强制推行统一的制度较为容易；第二，保险资金有较科学的投资管理，个人缴费资金能较好地实现保值增值。智利的养老资金，由个人选择私人养老基金公司运营，私人养老基金公司进行市场竞争、优胜劣汰，且养老基金的投资渠道较为宽泛，能较多地投入到股票和国外市场。智利法律规定，凡是参加养老保险的人都必须建立归属于其本人的养老基金账户，个人按每月薪酬的 10%缴纳基础养老费，雇主也按一定比例缴纳保费，二者所缴保费完全计入雇员个人的养老基金账户，聘请专门的投资公司对账户基金保值增值，雇员退休时所能领取的养老金数额完全取决于其个人账户的缴费和投资积累。2012 年起，智利政府将自雇人员(包括农民)纳入个人账户养老计划中。

综合比较这几种方式，对于非缴费型养老保险，个人无须缴费，政府的财政责任最大。这种方式农民比较易于接受，可以迅速提高养老保险普及率，且对于减轻农村赤贫问题有较大作用。但该种方式几乎完全由政府承担责任，弱化了个人责任，养老金水平和个人缴费水平不挂钩，不利于提高个人的缴费积极性。另外，个人养老资金绝大多数来源于政府，占用过多的政府财政开支，在人口老龄化日益严重的今天，其可持续性面临巨大挑战。对于部分缴费型、完全缴费型的方式，强调养老责任由政府、个人和社会共同承担，政府的财政压力相对较小，且个人所能领取的养老金数额主要取决于缴费的多少，能有效提高个人缴费的积极性。其主要缺陷是，政府财政责任小，投入少，不利于养老保险的实施推广，特别是在非强制性实施和农民收入较低的欠发达地区。

四、政府管理责任比较

根据世界各国的经验，社会保障的管理主要分为三种模式：分散管理、集中管理和集散结合管理。

（一）分散管理

在分散管理体制下，每个社保项目都有其相对应的政府主管部门，并且不同的社保项目资金运营机构、执行机构、监管机构等也不同，实行严格的独立化管理。该管理体制的特点有：第一，不同社保部门之间的管理界限有明确和严格的限定，权责分明；第二，不同级层的社保机构之间资金预算独立；第三，有专门的政府部门各级层对社保机构进行监督管理，保障其各司其职。德国是这种社会保障管理体制的典型代表。

分散管理制度的优点有：第一，不同的社保项目有自己专门的管理机构，其主管机构能够结合自身项目的需要，设计出合适的管理法规，管理效果较好；第二，每个社保项目的管理机构设置比较简化，能够根据国家政策、社会需要的变化，及时调整相应的管理内容，灵活易变。

分散管理制度的缺点有：第一，每个社保项目设立不同的管理机构，项目内部又设置单独的分项管理机构，这使得管理机构太过庞大和繁杂，抬高了管理成本。德国的养老保险管理费用占到了养老保费收入的3%，比起实行集散结合管理体制的国家如美国和日本，其管理费用只占1%，费用水平较高。第二，每个社保项目内部都分别设置执行机构、资金运作机构、监管机构等，使得不同的社保项目机构间存在业务的重叠和交叉，这对于参保人来说很难“一站式”解决其社保问题，给参保人带来不便(朱德云，2001)。

(二)集中管理

这种管理体制是指在同一个社会保障管理机构内部，对养老保险、工伤保险等各类社会保障项目进行统一管理，其典型代表国家有英国和新加坡。该种管理体制的特点有：第一，中央的社保管理机构拥有全国各地社保机构的统一决策权；第二，中央政府决定全国社保资金的预算，包括全国总共投入支出、各地和各级政府支出，还包括在不同社保项目之间的分配比例；第三，地方各级政府的主要工作是执行中央的计划和预算，但也有权利根据自身需要进行小幅调整。

集中管理体制的优点有：第一，各个社保项目统一于一个管理机构，有利于不同社保项目之间的协调和协作，减少了社保项目之间的冲突，提高了各个社保项目的运行效率；第二，各个社保项目统一于一个管理机构，简化了机构设置，避免了机构设置的重叠和人员冗杂，可以较好地降低社保项目的管理成本；第三，各个社保项目在同一个机构下运行，简化了不同社保项目之间的办事流程，方便群众社保事务的办理。

集中管理体制自身也存在难以避免的缺陷，例如所有社保项目在一个管理机构下运行，使得各个社保项目之间较易混杂，不利于社保管理的透明化，给监管机构的有效监管带来困难。另外，由于该种管理体制直接受政府的集中管控，即政府直接进行行政干预，社保管理机构的自主权受到较大影响，不利于社保管理效率的提高。

(三)集散结合管理

集散结合的管理体制将分散管理和集中管理进行融合，对各个社保项目既不是完全分开管理，也不是集中到一个机构进行管理。该种管理体制对养老、医疗、工伤、失业等各个社保项目按其性质特点进行分类，有较多共同点的社保项目合并为一类，由一个部门管理，该点体现了集中管理。例如养老保险和医疗保险均属于不区分自雇和他雇，能够贯穿劳动者一生的社保项目，可以归为一类进行统一管理；失业和工伤保险主要针对的都是受雇者，具有较多的共同点，可以归为一类，都归属于劳动保障部门。不同的管理大类之间相互独立，这体现了分散管理的特点。集散结合管理体制的典型代表国家有美国和日本。

集散结合的管理体制将上述两种体制扬长避短：第一，该管理体制把具有较强共性的社保项目分为一类，集中管理，能增强它们之间的协调性和互济性，具有集中管理体制的管理成本较低、较好实现管理的规模效益的特点；第二，具有较大差异的社保项目之间进行独立分开管理，例如对失业保险进行专门管理，就能较好地对失业问题进行整治，发挥失业保险的就业援助功能，有效提高再次就业率。这就使政府能够针对不同的社保类别，实施有针对性的管理手段，避免了把所有社保项目统一到一个管理部门从而导致管理效率降低的缺陷，在不提高管理成本的同时保证了管理效率。

综合比较这三种社会保障管理制度，各自均有其优点与缺陷，究竟实行哪种管理体制则需要根据本国的经济、政治等因素综合考虑。由于各种因素的变化，同一个国家的不同发展阶段，其社保管理方式也在不断变化，但最终目的都是为了更好地保证社保项目的运行和发展，实现国家社会管理的需要。然而无论实行哪种管理体制，政府介入并承担社保管理的最后责任是当前社保管理发展的普遍趋势。

五、政府制度建设责任比较

从1883年世界上首部社会保障法实施一直到今天，各国的社会保障制度都根据时代变迁、政府执政理念和人们思想观念的变化等进行了一系列改革。改革的结果有成功也有失败。是否取得成功很重要的一个因素在于人们的思想观念有没有转变，内心有没有做好准备迎接新的社会保障制度。如果新制度顺应了时代变迁，符合人们的思想观念变化，与广大群众的利益相符，人们就会支持拥护新制度，改革过程就会顺利；但如果人们对新制度比较排斥，则不会积极践行新制度，改革往往会比较迟缓甚至停滞。例如撒切尔夫人时期的英国社保制度改革，如果人们的思想观念还停留在过去国家统包统揽、完全国家责任的时代，那么人们显然会拒绝提倡个人承担责任的新社保制度，其实施情况必然不理想。人们的思想观念往往受周围的经济、政治和文化等因素的影响，所以改革能否成功的很重要一点就在于制度建设，即制度是否顺应人心、满足时代发展需求。

通过研究各个国家的社保制度改革实践，可以看出政府前期的制度建设对改革能否成功十分重要。例如20世纪90年代末，波兰政府开始改革其社保制度，将单支柱的筹资方式改为多支柱的。政府在前期进行了多轮社会动员工作，促成了改革的顺利进行。1997年5月，针对养老保障体系是采取多渠道的保费来源还是现行的单一渠道，波兰政府进行了提案研讨，并且在改革前期，对民众做了大量的思想疏导和知识普及工作，开展了大范围的民意调查，以期新政策能反映民众需求。为了宣传改革，政府设立了专门网站，并对不同年龄、不同职业的人群发放了大量的宣传手册，引发了人们的广泛关注。时隔几个月，政府又一次展开了社保改革的宣传工作，通过多种更立体、广泛的方式，如现场直播、新闻、手册传单等对新的制度进行了全面解读，为社保改革打下了较强的群众基础(郑秉文 等，2006)。

俄罗斯也曾对其社保体系进行改革，其过程远没有波兰顺利，关键原因之一就在于政府制度建设不足，人们对新制度的认识不清，内心并不认同改革。1990年俄罗斯计划实施以市场经济为基础的养老保险制度改革，通过了“国家养老金法案”，但该计划却在执行上遇到了困难。由于政治体制的原因，俄罗斯政府在社会保障方面大包大揽，完全承担养老保险支出，所以民众对于新制度中强调的个人责任、费用三方负担的原则不能理解，不愿意实行新制度(王大波，2003)。俄罗斯政府忽视了人们思想观念的影响，急于求成，前期的宣传推广等制度建设工作不足，致使改革没有取得理想效果。

第三节　结论及对中国的启示

一、国外农村养老保障体系建设的经验和规律

从19世纪70年代德国开始建立社会保障制度以来，养老保障体系开始不断发展变化，农村养老保障制度也已经蔓延到世界70多个国家，尤其是在发达国家其发展程度更高。然而由于经济发展程度、农民收入水平和缴费能力、政府的执政能力、城乡二元结构、制度运行条件等多因素的影响，农村养老保障制度在发展中国家发展得还不充分。故本书主要以发达国家为研究样本，学习借鉴其相关经验。

不同养老保障制度之间存在着明显不同，不论是模式选择、筹资来源，还是管理方式、政府监管等方面都有差异，其根本原因在于制度设计之初的责任划分不同，即应该由谁来承担养老保障体系建设的责任，以及各责任主体分别应承担多大比例。不同的农村养老保障体系体现了不同的责任分配基础，包含着不同的责任承担者之间的关系。

通过对不同国家的农村养老保障体系中的模式选择、筹资来源、运营管理、制度建设等方面的分析，总结出以下几点经验。

(一)政府要目标明确、责任清晰、立法先行

虽然国外在农村养老保障体系建设方面已经有了很多成功经验，各国政府承担的责任也各有差异，但其有一个共同之处，即政府在制度构建过程中目标明确、责任清晰且立法先行。建设农村养老保障体系，首要目标就是保障社会经济稳定发展和满足农民基本养老需求；制度建设的前提是法律基础建设，即要保障制度的权威和稳定，就必须做到有法可依，即有完备的法律体系。

(二)与国家经济和农业政策相协调，保障国家政策的有效实施

为了保障国家在特定时期的经济政策或农业政策能够有效实施，政府在建立农村养老保障制度时，其具体实施方案应配合国家相关政策开展。例如：德国为了发展现代农业，实现规模化经营，需要农场经营者年轻化、现代化，所以德国政府就鼓励老年农场主出让其农场所有权，规定只有出让了农场所有权的农场主才能领取足额养老金，这就确保了政府农业政策的有效实施，保证了国家农业目

标的实现。

(三)政府财政发挥重要作用，建立多元化筹资渠道

国外农村养老保障体系建设成功与否的关键节点就在于政府财政是否发挥了积极作用。一方面，不论是福利国家型还是社会保险型，国家财政支出均占据了养老资金来源的绝大部分，一般达到了60%—90%，即使是强制储蓄型，政府也有税收优惠等措施；另一方面，政府建立了多元化的养老资金来源渠道，不仅有政府的直接财政支持，还有对特定人群征收的特种税等多种方式。

(四)建立多层次的农村养老保障体系

构建多层次的农村养老保障体系以满足不同的养老需求，是大多数国外发达国家的建设经验。比如英国的养老保障制度由低到高分三部分组成：第一层次是国家基本养老金，强制公民投保，缴费水平低，保障水平也较低，养老金水平占国民平均收入的比例约为30%；第二层次是国家补充养老金，根据个人收入的多少来决定保费缴纳的数额，收入多的人缴纳的保费也多，其保障水平也高；最后一个层次为个人职业养老金制度，个人自愿投保，适用于追求高水平养老生活的个人。三个层次的养老保障体系获得的总养老金能达到国民平均收入的70%—90%。

(五)紧密结合本国基本国情

上述国家的农村养老保障制度都是在吸收借鉴国内外实践经验的基础上，紧密结合本国国情而发展起来的。如新加坡开创性地实行强制储蓄型养老保障制度，就是结合本国国土面积小、人口少、政策较易推行和管理的特点。巴西作为发展中国家，实行非缴费型的农村养老保障制度，主要原因在于其农村贫困问题十分严重，农民没有缴费能力，迫切需要政府提供财政支持。

这些制度都是本国政府在特定历史背景下，结合当时的政治、经济、社会状况而推行实施的，并且随着这些外部环境的变化，农村养老保障制度也在不断改革完善。

二、国外经验对我国建设农村养老保障体系的启示

(一)确立“注重公平、兼顾效率”的基本原则

从经济学视角来看，对财富进行再分配是社会养老保障体系的主要作用之一；从制度价值来看，对财富进行再分配是一种正义的补偿机制。社会保障体系建立的初衷和本义就是实现对弱势群体的帮助和补偿，促进社会公正、和谐。

虽然很多国家的养老保障体系实行的是城乡分立的制度模式，但其缴费水平、养老金给付水平等关键环节并没有过大的差距，而且为了避免差距过大，政府还会在政策上对低收入群体和弱势群体给予一定的照顾。

长期以来，因为体制等原因，我国的养老保障体系存在着明显的多轨现象，国家机关、企事业单位、城镇职工居民和农村居民适用不同的养老保障制度，其在缴费比例、养老金给付水平上差别很大，容易导致社会不公平和不同群体矛盾增加。因此，逐步消除多轨的养老保障制度，使不同群体能够在同一制度下，享受到公平的养老保障，是我国政府的重要职责之一。尤其针对我国农民缴费能力普遍较低、养老金保障水平较低的情况，国家应着重扩大农村地区养老保障的投入规模，这对于营造和谐社会，促进社会公平十分重要。

(二)建立健全的养老保险法律体系

国外成功的农村养老保障体系建设经验的共同特点是都有系统的养老保险法律，为政策的实施提供可靠的法律支撑。我国当前在养老保险法律方面还处于空白阶段，没有专门的指导农村养老保险建设的法律。目前我国农村养老保险制度建设主要依据2010年颁布的《中华人民共和国社会保险法》(简称《社会保险法》)、2009年颁布实施的《国务院关于开展新型农村社会养老保险试点的指导意见》(以下简称《新农保指导意见》)、2014年颁布的《关于建立统一的城乡居民基本养老保险制度的意见》。在《社会保险法》中，只有两条法律条文对建立农村养老保险制度进行了简单阐述，但对缴费比例、领取资格和标准等关键性问题并未涉及。虽然《新农保指导意见》对农村养老保险的实施原则和标准进行了详细规定，对农村养老保险建设起到了指导作用，然而随着农村养老保险工作的不断开展和推进，《新农保指导意见》已经显得较为滞后，因此应抓紧时间制定完善农村养老保险的法律法规。

(三)建立城乡统一的养老保险制度

众多国外经验表明，城镇和农村实行统一的养老保险制度，不仅能促进制度简化，提高管理效率，更能促进城乡协调发展。尤其是在当前我国城镇化进一步发展、人口老龄化不断加深的情况下，更应尽快完成养老保险制度的统一。

《关于建立统一的城乡居民基本养老保险制度的意见》，指明要将“新农保”和“城居保”两项制度合并实施，建立统一的城乡居民基本养老保险。这不仅避免了针对不同人群的养老保险制度在制度设计上的重复、简化机构设置、降低管理费用，并且城市和农村居民都享受相同的养老政策，能够有效促进社会公平。另外，现行的这两项养老制度在具体实施细则方面极为相似，具备合并实施的现实条件。

然而，这并不是说现在就完全具备了合并实施两项制度的条件。国外实行城乡统一养老保险制度的国家一般都具有经济发达、农民收入水平和缴费水平较高、对保险较为认可、城镇化水平高、城乡二元结构不明显等特点。然而，当前我国仍存在农民缴费能力还不足，城乡二元结构特点突出，农民对保险的接受水平还很低等缺陷，这些都决定了我国不能急于求成、盲目地实施合并。但若制度仍停留在城乡分离的状态，则会固化现有的分立格局，不利于以后的合并实施。因此，实行制度大框架城乡统一，具体标准、执行上存在差别的“部分统一”式养老保险制度比较符合我国当前国情。

(四)改革和完善农村养老保障体系中的筹资机制

(1)改自愿缴费参保为强制缴费参保。

根据国外农村养老保险制度的发展实践可知，强制符合参保条件的农村人口参保并缴费，是农村养老保险得以有效实施的基本条件之一。这既能有效提高制度的覆盖率，又能减少投保中的“逆选择”和“搭便车”等道德风险行为，使年老风险由更多的人承担，有利于资金池的形成。另外，个人缴费“多缴多得”，可激励参保者多缴养老费，对于建立多支柱的缴费来源，减少政府养老金开支有较大帮助。

目前我国新型农村养老保险实行的是自愿参保、自愿选择缴费水平的机制。许多年轻人并不急于养老而不愿参保，即使参保也不愿缴纳太多养老费，这就使得年老风险集聚，无法在各年龄层进行有效分散，也不利于养老资金池的形成，进而影响制度的长久稳定运行。十八届五中全会和“新农保”的实施原则明确指出，要扩大社会保障制度的覆盖范围和人群。要实现这一目标，特别是扩大农村地区养老保障制度的覆盖人群，国家立法强制参保是较为可行的办法之一。

但是强制参保面临的主要问题之一是农民缴费能力不足，最终使其仍然无法享受养老保障。为此，可参考英国多层次的保障制度设计：第一，缴费水平和保障水平由低到高总共分为四个层次，个人根据自己的收入水平确定加入哪个层次，即使收入水平很低也能找到适合自己的养老保险层次。如果收入水平过低还可以申请免缴保险费，享受最低层次的国家基本养老金。第二，低收入者可以选择随时免费退出较低层次的养老保险计划，转到较高层次的养老计划中，不仅节省了政府对低层次养老保险的补助支出，也保证了享受低收入政策优惠的参保者是真正的低收入者①。德国政府给低收入水平的参保者一定数额的保费补贴，保费补贴在所有资金来源中占据很大比例，这也是一种较为可行的解决办法。另外，还可以参考新疆维吾尔自治区呼图壁县的做法，允许农民在资金短缺时，采用贷款的方式，暂时使用养老金个人账户中的资金，以解决保费占用农业生产资金的问题(刘影春，2013)。

(2)缴费水平和农民收入水平挂钩，按收入的一定比例缴费。

我国“新农保”当前实行的是五个档次的固定缴费标准，缴费水平完全依据

① "Pensions Act 2011: Summary of Impacts", Department for Work and Pensions, November 21, 2011.

参保者的个人意愿，这虽然给了农民较大的缴费选择余地，比起统一的缴费标准是一种进步，但也存在固有的缺陷。其一，农民由于保险意识较弱或对其存在偏见，即使有较强的缴费能力，也往往会选择少缴保费，因而难以满足个人养老需求；其二，我国东中西部农村地区居民收入水平、消费水平差异巨大，若全国实行相同的缴费标准，缺乏与收入关联的调整机制，则较难满足东中西部差异巨大的养老需求；其三，伴随农民消费能力的上升，养老费用也会提高，若不及时提高缴费标准，则不利于农民养老待遇的提高。曾有学者计算，如果参保者按“新农保”要求的最低水平缴费，即 100 元/年，地方政府对个人按较低水平的标准补助，即 30 元/年，通货膨胀率为一年期人民币存款利率，十五年后个人每个月只能从个人账户中领取 15 元的个人账户养老金，即使加上基础养老金，所领取的金额仍然很少，甚至无法保障最基本的养老需求(曹信邦，2012)，所以建立与收入关联的缴费机制至关重要。

具体来说，可以借鉴英国养老保险与收入关联的缴费机制经验，取消固定缴费机制，缴费额根据个人收入按一定比例确定，即随着个人收入的提高，逐步提高个人缴费比例。对于我国来讲，不同地区农民的收入水平相差较大，东部地区农民缴费能力强，中西部地区农民缴费能力较弱，东部地区可以按与职工养老保险相同的标准来交费，即个人收入的 8%；中西部地区农民的缴费比例可适当降低，先按个人收入的 6%左右缴费，当农民收入达到一定水平时，再相应提高个人缴费标准，分阶段达到和城镇职工养老保险相一致的水平，实现城乡养老保险缴费水平和待遇标准的对接，完成城镇和农村养老保险体系的统一。通过政府财政补贴和个人缴费的逐步提高，使“新农保”个人账户养老金替代率在 2020 年达到 30%。

(3) 建立与国家和地方财政水平相匹配的基础养老金给付制度。

不管是农民缴费能力较强的发达国家还是缴费能力较弱的欠发达国家，世界上大多数国家的实践经验表明，在农村养老保险中政府承担积极的财政责任是制度建设成功的重要保证。在制度建设的前期甚至中长期，养老保障体系的普及必然需要政府的财政投入。立法明确规定个人、政府、社会共同承担养老金费用及其比例，解决了养老金筹资渠道窄的问题。例如：福利国家模式的代表之一巴西，针对农民收入低、农村贫困现象较为严重的情况，规定无论是普遍保障型农村养老制度还是农村社会救助制度，农民均不需缴费，所需资金由政府的税收、专项征税及转移支付负担。在实行社会保险模式的德国，农民只缴纳总保费的约 1/3，剩余部分完全由政府财政补贴。同样是实行社会保险模式的日本，政府也承担了很大的财政责任：对于养老保险的第一层次，政府承担了约 30%的保费；对于第二层次，其中专门针对农民的农业养老金，国家财政承担 2/3 以上的养老金给付责任。在实行强制储蓄模式的智利，虽然养老金完全由个人缴纳，但有效的养老基金运营制度和政府积极的税收优惠保证了养老保险制度的有效实施。

虽然《新农保指导意见》指出政府和集体要承担补助责任，但对地方政府具体补贴多少并没有明确规定，这就给补贴的实施带来较大随意性。规定的保费补贴下限，即人均 30 元/年，相比于农民不断上升的消费水平显然不足。其中，基础养老金人均不足 60 元/月，标准较低，尤其是对个人养老账户积累金额较少的人群来说，其每月所领的养老金依然很少，达不到“保基本”的政策目标。根据国际规定，养老金替代率不得低于50%，而国外的经验表明仅仅依靠农民个人缴费，根本无法达到这一最低标准，所以当前加大政府的财政支持力度势在必行。

根据当前政府的财政收支情况，我国已经完全有能力增加对农村养老保险的支持，而实际情况是补贴仍停留在较低水平。在“新农保”试点的第一年，中央对“新农保”的支出仅占当年财政收入的 1.52%(刘金苹，2010)，占当年财政支出的 3.58%(刘昌平 等，2009)。这与中央政府的财政收支水平极不相符，也远远落后于其他国家对农村养老保障体系的投入。

我国西部地区贫困县市较多，农民缴费能力较差，需要政府投入更多的财力，但西部地区政府本身财政收入就少，这就增加了贫困地区政府的负担。虽然中央一直在加大对西部地区养老保险发展的财政投入，也有了很好的效果，但如何更加有针对性地“精准”投入，健全对贫困地区的专项扶持政策，对于构建更加有效的保障十分重要。另外，针对目前中央和地方的财政收入分配关系，地方财政占比逐渐降低，中央和地方分别承担多少补贴责任也需要重新权衡。

(五)农村养老保险制度与国家的农业和经济政策相协调

农村养老保障体系关系到国家的城镇化、工业化、农业现代化、产业政策调整等多方面内容。根据国外经验，为了保障国家在特定时期的经济政策或农业政策能够有效实施，政府在建立农村养老保险时，具体实施方案需配合国家政策的实施而开展。例如：德国为了发展现代农业，需要农场经营者年轻化、现代化，因此鼓励老年农场主出让其农场所有权，规定只有出让了农场所有权的农场主才能领取足额养老金，这就在一定程度上确保了政府农业政策的有效实施。

当前我国农村改革的方向之一就是推动土地流转，实现规模化经营。鉴于此，可以把养老保险政策和土地流转政策结合起来实施，养老保险政策配合土地流转的需要，鼓励农民积极参加土地流转，租赁、转让土地经营权的农民可以获得较高的养老保险金补偿，以解决其后顾之忧。

另外，随着西部地区城市化的推进，农村人口的工作种类不断分化，有专门从事农业生产的农民、主要从事农业生产同时还进城从事其他工作的农村劳动人口等多个类型。这些职业各异的农村人口应该加入何种养老保险，养老保险制度如何安排才不会阻碍人口流动，已成为农村养老保障体系建设的重要课题。

总之，政府作为农村养老保障体系的构建者，首先要明确自身责任，积极担负相关职责。同时，构建农村养老保障体系，应与西部地区的产业政策相配合，与各级政府的财政收入水平相协调，与“三农政策”相统一，切实保障农民利益，确保制度公平和有效，保证社会的和谐安定。

（六）制度建设与经济、社会、文化传统等外部因素相适应

政策制定只有紧密结合当地的经济、社会、文化传统等外部因素，才能发挥其应有的效用。我国西部地区农村养老保障体系的建设要紧密结合当地的基本情况。

当前我国西部农村地区人口老龄化较城市地区更为严重，农村人口健康状况不容乐观，农民收入较低，缴费能力不足；西部农村地区家庭养老功能逐渐弱化，但农村老年人的家庭养老观念仍然比较重，对其他养老方式接受度不高；西部农村人口逐渐分化，有常年居住在城市的农民工、兼业农民工、以农业收入为主的传统农户、失地农民等，各个群体面临的养老风险不一，自身缴费能力各异；西部地区经济发展水平较低，地方政府财政收入较少，农业大省、农业大县的财政收入更不稳定。这些都是目前我国西部农村的基本经济、社会等状况。

吸收借鉴国外的成功经验时，不能盲目地照抄照搬，必须考虑到我国西部农村在经济、社会、文化传统等方面的差异，注重制度建设及其外部因素状况，大力发展西部地区经济，提高政府财政收入，提高农民收入及其缴费能力，培育新型农村养老文化，提高养老金管理水平，拓宽养老基金投资渠道等。

第八章 农村养老保障体系建设中政府责任的区域比较及启示

第一节 农村养老保障体系建设中政府责任的区域比较意义

一、政府责任区域比较研究的背景

现阶段我国农村居民面临着十分紧迫的养老问题。到2014年末，我国超过65岁的人口已达到13755万，占全国总人口的10.1%。在全国总人口中，农村超过65岁的人口约占8.31%，也就是说，农村地区65岁以上的老年人口已经达到了11427万人[①]。农村家庭结构也逐渐演变为4-2-1甚至6-2-1的模式。家庭结构小型化正在逐渐摧垮家庭养老，使依赖传统养老的农村地区面临重大考验。同时，大量的农村青壮年涌进城市寻求发展机会，农村的留守人口多为老年人和儿童，导致农业生产等重担已逐渐压在了农村老年人的身上。再加上子女常年不在家，农村老年人精神上空虚、缺乏关爱等心理问题也日益严重。除此之外，传统务农收益在农村家庭收入中所占比例已经逐年下降。因此，在养老问题上，传统的家庭、土地均不能带来足够的帮助，这表明农村养老迫切需要寻求新的途径。

保证所有农村居民能够安享晚年，这不仅是政府职责的重要内容之一，也有助于改善“三农问题”。因此，必须明确政府责任的界限和内容，确保各地农村养老保障体系的正常实施。然而，各级政府在承担各自责任过程中还存在以下问题：我国不同区域之间经济发展程度不同，国家的养老扶助政策却“一视同仁”，即对所有地区，不管经济发展程度如何，新选择500元及以上档次标准缴费的，补贴标准不低于每人每年60元[②]。这种补贴方式，对于经济欠发达的西部贫困地区固然会起到一定作用，然而对于发达地区农民而言，其作用则微乎其微。另外，发达地区农民还能获取当地政府的额外保费补助，但是贫困地区的农民通常没有

---

① 数据来源：《2015年中国统计年鉴》。
②《国务院关于建立统一的城乡居民基本养老保险制度的意见》(国发〔2014〕8号)。

这种待遇。因此，西部地区的养老保费补贴程度没有东部的高。两级政府提供补贴的方式，无疑会使得西部欠发达地区的地方政府因财政资金不足导致地方财政补贴难以实现的问题更为突出。

二、政府责任区域比较研究的意义

农村养老保障体系是城乡养老保障体系中非常重要的一环，解决好农村养老问题在一定程度上也有利于化解“三农问题”。然而，构建健全的农村养老保障体系，不能仅仅考虑法律建设的完善程度，更需要结合我国的现实国情，即针对不同地区的具体特点进行差异化处理。为此，针对我国广大农村发展差异较大的特征，本书力图为不同区域农村养老保障模式的选择提供理论依据，具体包括以下两点：其一，地方经济发展程度不同，财政补贴力度也不同，政府在农村养老保障体系建设过程中承担的责任也应不同；其二，在不同地区建立区域化农村养老保障体系，有助于提高利用当地养老资源的水平，提高农村地区养老保障体系的建设和实施效率。

第二节　三个典型地区农村养老保障体系[①]建设中的政府责任概况

一、样本地区的选择

2009 年，中央开始在全国部分地区实施“新农保”。然而，我国的经济、社会发展从西到东呈现出阶梯状特征：西部地区的经济、社会最不发达，东部发展程度最高，中部居中。在不同地区的农村养老保障体系建设中，为了客观研究政府承担的不同责任，需要选取各自代表并进行对比分析。

首先，根据我国区域经济学家对我国地域的划分，我国通常分为如下表 8.1 所示的三个地区(未含港澳台地区)。

表 8.1　我国东、中、西部地区的分类情况

地区	省份
东部	北京、天津、河北、辽宁、上海、江苏、浙江、福建、山东、广东、广西、海南
中部	山西、安徽、内蒙古、吉林、黑龙江[②]、江西、河南、湖北、湖南
西部	四川、重庆、贵州、云南、西藏、陕西、宁夏、青海、新疆、甘肃

① 本章中的农村养老保障制度主要是以农村养老保险为主。

② 根据河南省统计局《我国东、中、西部地区是怎样划分的？》，此处内蒙古、吉林、黑龙江属于中部地区。

其次，在三类地区中各选择一个能代表该类地区农村养老保障体系建设中的政府责任及发展趋势的地区。根据相关统计数据，东部地区中的江苏省、中部地区中的安徽省、西部地区中的陕西省符合上述条件。

二、三个典型地区的政府责任概况

（一）陕西省农村养老保障体系建设中的政府责任概况

陕西处于黄河中游区域，跨越长江、黄河两个流域。2014 年全省总人口达 3775 万人，其中农村人口 1790 万人，城市化率为 52.75%；2014 年陕西地方总产出达 17689.94 亿元，人均产出 46929 元，财政收入 3145.5438 亿元。城镇地区人均居民收入为 24366 元，农村人均收入不到城市的 1/3，仅为 7932 元[①]。陕西省的一些经济指标尚未达到全国平均值，属于全国贫困省之一，这使得陕西省农村养老保障制度的经济基础匮乏。

1. 政治责任

十六大以来，中国共产党明确提出要建设社会主义和谐社会，在注重科学发展的前提下，要继续坚持以人为本，高度重视人民生活水平的提高，保证社会公平。而建立健全农村养老保障制度是其中非常关键的环节，如表 8.2 所示，在农村养老保障体系建设中，希望政府提供财政补贴的村民占了 82%左右，希望政府设计合理制度模式的农民占了 73%左右，希望促进尊老风气的农民最多，达到了 90%左右。因此，政府应充分考虑村民的需求，重视财政补贴、制度模式和尊老风气相关工作的进行，加强农村养老保障体系建设。

表 8.2 2017 年调研——陕西省农民关于农村养老保险对政府责任的期望

项目	人数/人	比例/%	项目	人数/人	比例/%
提供财政补贴	380	82.07	巩固家庭养老	244	52.70
设计合理制度模式	340	73.43	促进尊老风气	420	90.71
提高养老保障水平	257	55.51	保证养老基金安全	287	61.99
确立合理制度目标	250	54.00	实现养老基金保值增值	273	58.96

数据来源：本课题组调研搜集整理得到。

2007 年，陕西省政府在广泛调研的基础上，以宝鸡市为试点，在“老农保”的建设经验基础上，制定了“新农保”的实施办法。该办法将私人缴费、集体帮

① 数据来源：2015 年陕西省统计年鉴。

助和政府补贴统一起来，建立个人账户积累资金，其中政府补贴既包括对农户缴费的补贴，也包括对农户待遇的补贴，并对过去的养老保障体系的有关内容，进行了一定的创新发展，包括该制度的涉及范围、激励措施、补贴方式等，提高了宝鸡市农民参保的积极性。

2008 年 1 月，在总结宝鸡试点做法后，陕西省又出台了地方法规，规定要考虑各地区的实际经济状况和人民意愿，不能随意选择试点地区，首先考虑经济发展程度高的地区作为试验点。2009 年，在中央“新农保”指导会议结束仅一个月之后，陕西省成立了“新农保”实施指导小组，出台省级政府文件，规定“新农保”开展细则，并提出力争三年实现“新农保”的全省普及。2011 年，陕西省又印发了《陕西省人民政府关于实施城乡居民社会养老保险制度全覆盖的意见》，明确指出：从 2011 年 7 月 1 日起，在全省全面启动试点工作，到 2020 年 6 月底前基本实现制度全覆盖。这比全国预期全覆盖日期提前了四年。2014 年陕西省又根据国发〔2014〕8 号文件的指导精神，印发了《陕西省人民政府关于进一步完善城乡居民基本养老保险制度的实施意见》(陕政发〔2014〕25 号文件，简称《实施意见》)，目标是“2020 年前，全面建成公平、统一、规范的城乡居民养老保险制度，与社会救助、社会福利等其他社会保障政策相配套，充分发挥家庭养老等传统保障方式的积极作用，更好保障参保城乡居民的老年基本生活”。

陕西省试点实施方案的基本原则、政策框架、工作要求都严格遵循中央指导精神，并考虑实际情况提出了《实施意见》。针对本地经济较不发达、农民收入较低、缴费能力不足的特点，试点主要解决从无到有的问题。缴费水平从国家规定的较低档次起步。养老待遇包括两方面：私人的账户和基本的养老金，二者统一结合，保证农村养老保险能被更多的农民接受。在资金来源上，明确了个人、集体、政府三方出资的筹资模式：个人缴纳一部分，再加上集体和政府的保费补贴。在促进制度普及方面，政府积极履行职责，而且为了实现基本保障，在财政上给予一定支持，同时鼓励更多个人和集体的参与，保证制度有效以及长久稳定发展。

2. 经济责任

农村居民只要满足《实施意见》规定的条件，都可以根据自己的意愿参与“新农保”。根据《实施意见》，陕西省确定了十二个缴费档次(见表 8.3)，并根据居民收入的变动情况，适当改变缴费标准。缴费数额由缴费人员自己做主，多缴多得。

表 8.3 陕西省“新农保”缴费档次和政府补贴情况

缴费档次/元	财政补贴额/元	缴费补贴/元	
		省财政(50%)	市县财政(50%)
100	30	15	15

续表

缴费档次/元	财政补贴额/元	缴费补贴/元	
		省财政(50%)	市县财政(50%)
200	30	15	15
300	40	20	20
400	45	22.5	22.5
500	60	30	30
600	65	32.5	32.5
700	70	35	35
800	75	37.5	37.5
900	80	40	40
1000	100	50	50
1500	150	75	75
2000	200	100	100

对于达到领取条件的农民，政府补贴所有的基础养老金，其中中央政府提供补贴金额 70 元，省政府和市县政府按照多缴多得的原则提供保费补贴。对于农村残疾人参与“新农保”的补贴，有以下注意事项：重度残疾人由省政府提供全额补贴；残疾程度不高或者有轻微残疾的人员由市政府和县政府提供部分补贴金额，具体数额根据市政府或者示范区管委会的指示来确定。

养老基金的安全是重中之重。首先对于财政专户要进行系统的整理管制。陕西省政府在每一个试验点都设有“新农保”财政专户，按规定管理每一笔款项并建立个人账户。另外，要求实施养老金“一卡通”式的发放模式，该模式规定发放养老金的机构要给每位参保人建立专门的储蓄卡和存折，并且不收取任何费用。参保人可以通过存折或储蓄卡到最近的服务网点领取养老金。同时政府还对养老金的领取资格逐月审查以及逐年估测判断。若领取者死亡，要及时上报，并到公安部门进行信息确认，及时停止发放死亡者的养老金额。每年政府都要派人对获得领取资格的人进行挨家挨户的走访和调查，以防止骗领。

3. 社会责任

陕西省农村人口占总人口的比重较大，人口老龄化趋势较为明显，并且传统的养老思想难以改变。基于以上原因，该省的主要养老方式还是传统的养儿防老，而且在农村更加突出，农民对新的养老方式缺乏深刻理解。根据调查，如表 8.4 所示，63.40%的农民对农村养老保险政策了解一部分，但不清楚；11.52%的农民完全不了解；25.08%的农民非常了解。农民对政策模糊不清的了解导致“新农保”制度的推广受到限制。

表 8.4 2017 年西部农村居民对农村养老保险政策的了解程度

对农村养老保险政策的了解程度	所占比例/%
非常了解	25.08
一般了解	63.40
完全不了解	11.52

数据来源：本课题组调研搜集整理得到。

因此，为了推广“新农保”制度，首先要做的就是让农民更为清晰地认识和了解“新农保”的优点，使他们更加积极地缴费参保。陕西省政府多次在各种媒体上广泛宣传“新农保”制度，并加大宣传力度。

表 8.5 陕西省“新农保”养老金领取标准 （单位：元）

缴费档次	缴费补贴	基础养老金	个人养老金	每年实际领取的养老金
100	30	70	14.02877698	1008.345324
200	30	70	24.82014388	1137.841727
300	40	70	36.69064748	1280.28777
400	45	70	48.02158273	1416.258993
500	60	70	60.43165468	1565.179856
600	65	70	71.76258993	1701.151079
700	70	70	83.09352518	1837.122302
800	75	70	94.42446043	1973.093525
900	80	70	105.7553957	2109.064748
1000	100	70	118.705036	2264.460432
1500	150	70	178.057554	2976.690647
2000	200	70	237.4100719	3688.920863

养老金账户包括两方面，个人账户和基础养老金，二者统一结合，支付给参保人直到其死亡。从表 8.5 可以看出，缴费的最低金额是 100 元，相应地每年实际领取养老金约 1008.35 元，而缴费的最高限额为 2000 元，每年实际领取养老金约 3688.92 元。2015 年陕西省农村人均纯收入约 7932 元，以上两种养老金额度分别约占 12.7%、46.5%。同时在 2009 年“新农保”基础养老金补助尚未清算的情况下，陕西省财政还超预算预拨了两个月的基础养老金，保证农民能及时领到规定金额的养老金，用“发放率”促进“参保率”和“缴费率”的提升。

经过不断的探索和宣传，到 2014 年末，陕西省加入“新农保”的人口已达 2319 万，领取养老金的人数已达 576.5 万人，差不多有 100%的农民参保①，“新

① 数据来源：《2015 年中国统计年鉴》和《2015 年中国人口和就业统计年鉴》。这里参保覆盖率的计算是当年已参保人数与应参保人数的比例。

农保”接近完成“全覆盖”。

(二)安徽省农村养老保障体系建设中的政府责任概况

安徽省处在长江下游，在中国的东部，气候湿润，河流较多，经济发展处于中等水平。2014 年全省人口总量接近 7000 万人，其中农村人口占比接近一半，城市化率为 49.2%；2014 年地区总产出达 20848.75 亿元，人均产出约 30058.75 元；城镇居民人均收入为 27001 元，农村居民人均收入接近城镇水平的 1/2①。

1. 政治责任

安徽省在全省范围内大力落实“新农保”政策。2005 年省级主管部门专门发布规范性文件，指出要把被征地农民纳入国家养老保障，并且实现全省覆盖。2007 年，省政府响应中央精神，为逐步建立农村养老保险制度设立试验点，并取得了一定的效果，如在产粮地区探索“以粮参保”试点。安徽省霍邱县从 2004 年以来，支持农户以粮食作价投保，保费从粮食销售收入中抽取，每月缴费金额最低是 20 元。地方政府补助参保人员，补助金额根据基金余额的一定比例来计算。霍邱县这种“粮食换保障”的方法具有极大的创新性，值得其他产粮地区借鉴学习。2012 年安徽省政府制定了专门针对计生家庭的养老政策，强调对下列人员增加补贴金额：一是城镇中只生育一个子女的父母，二是农村中生育两个女孩的父母。

政府要想让更多村民参与投保，最重要的是考虑村民的需求，如表 8.6 所示，有 75.00%的村民希望政府能够提供财政补贴，有半数以上的村民希望政府能够设计合理的制度模式和提高养老保障水平。因此，安徽省政府应该将财政补贴、制度模式和养老保障水平充分考虑进政府工作中，切实做到以人为本，从村民意愿出发，真正做到服务于民。

表 8.6 2017 年调研——安徽省农民对农村养老保险政府责任的期望

项目	人数/人	比例/%	项目	人数/人	比例/%
提供财政补贴	210	75.00	巩固家庭养老	124	44.29
设计合理制度模式	140	50.00	促进尊老风气	123	43.93
提高养老保障水平	154	55.00	保证养老基金安全	122	43.57
确立合理制度目标	87	31.07	实现养老基金保值增值	94	33.57

数据来源：本课题组调研搜集整理得到。

① 数据来源：《2015 年安徽统计年鉴》。

“新农保”基金采用三方共同出资的模式：在个人缴费的基础上，政府给予一部分保费补贴，同时鼓励资金较宽裕的集体给予农民补贴。安徽省合理制定了“老农保”与“新农保”的有效转换机制：一方面，曾经参与过“老农保”的、年龄达到 60 周岁、以往已经满足领取条件的农民，可以免费获得一部分养老金；另一方面，年龄小于或等于 60 周岁而且未曾领到养老金的，把其个人账户和“新农保”账户相结合，然后根据该地区的最低缴费指标计算出缴费时间，但最大限度为 15 年，而且一切缴费的相关事项都要以“新农保”的规定为主，农民通过连续缴费，确保到期领取新制度提供的养老金。“新农保”政策还与其他优惠政策互相配合应用到各地区，如对计生家庭提供财政补贴，见表 8.7。

表 8.7　2017 年调研——安徽省三市关于计生家庭优惠政策统计

地区	调查计划生育户数/人	计划生育家庭享有优惠政策		享有财政补贴的优惠政策	
		人数/人	相对比例/%	人数/人	相对比例/%
亳州市	37	37	100	35	94.59
淮南市	30	28	93.33	28	93.33
安庆市	35	35	100	30	85.71

数据来源：本课题组调研搜集整理得到。

根据亳州市、淮南市、安庆市的调研结果可以看出，亳州市、安庆市受调查的计划生育家庭 100%享有政府提供的优惠政策，淮南市 93.33%的计划生育家庭享有政府提供的优惠政策。优惠政策主要以财政补贴为主，三市享有财政补贴的比例分别为 94.59%、93.33%、85.71%。

2. 经济责任

安徽省目前实行国家规定的固定缴费制度，设有不同的缴费标准，多缴多得；缴费档次有十三种，缴费标准从最低的 100 元到最高的 3000 元(表 8.8)，而且在“新农保”的试验点地区还可以添加缴费档次。政府对于“新农保”的参保人予以一定的补助，如代替投保人将全部的“新农保”基础养老金付清。中央财政根据基础养老金的标准给予资金支持，省政府和地方政府每年给每个参保人补贴至少 30 元，其中有 20 元是省政府支持的。对于缴费较多的参保者，地方政府奖励其保费补贴。对于经济条件极差，比如严重残疾的人士，该地区政府依据最低标准帮助其缴纳所有的费用。从表 8.8 可以看出安徽省“新农保”不同的缴费档次对应的政府补贴标准。

表 8.8 安徽省“新农保”缴费档次及政府补贴标准 (单位：元)

缴费档次	财政补贴	缴费补贴	
		省级财政补贴	市县级财政补贴
100	30	20	10
200	35	20	15
300	40	20	20
400	50	20	30
500	60	20	40
600	60	20	40
700	60	20	40
800	60	20	40
900	60	20	40
1000	60	20	40
1500	60	20	40
2000	60	20	40
3000	60	20	40

3. 社会责任

为了积极推动农村养老保障制度的构建，安徽省各地农保中心通过多样化的形式开展“新农保”政策宣传，推进“新农保”的扩面征缴。如：通过服务窗口、热线，解答“新农保”政策；依靠电视台和报纸等可以迅速传播且传播范围广的优势，宣传“新农保”政策，使农民对其有更加深入的了解。这些宣传使得更多的农民愿意加入“新农保”。在 2014 年底以前安徽省“新农保”参保人数达到 3093.2 万人，现在已经有大约 853.6 万人开始享受养老待遇，参保覆盖率已达到 100%[①]。

在养老金领取条件上，安徽省“新农保”有以下说明：对于年过 60 且未参加“城居保”的农民，免除其缴费义务，直接发放养老金，同时规定，若老年人的子女达到了参保条件，其子女必须缴费参保。安徽省大部分地区通过办理养老保险卡的方式来发放养老金，发放现金很少。目前养老金发放方式单一，应使其多样化，以便满足各个年龄段、各个阶层群体的需求。

根据以上规定，安徽省养老金领取标准如表 8.9 所示。

① 数据来源：《2015 年中国统计年鉴》和《2015 年中国人口和就业统计年鉴》。这里参保覆盖率的计算是当年已参保人数与应参保人数的比例。

表 8.9 安徽省养老金领取标准 （单位：元）

缴费档次	缴费补贴	基础养老金	个人养老金	每年实际领取的养老金
100	30	70	14.02877698	1008.345324
200	35	70	25.35971223	1144.316547
300	40	70	36.69064748	1280.28777
400	50	70	48.56115108	1422.733813
500	60	70	60.43165468	1565.179856
600	60	70	71.22302158	1694.676259
700	60	70	82.01438849	1824.172662
800	60	70	92.8057554	1953.669065
900	60	70	103.5971223	2083.165468
1000	60	70	114.3884892	2212.661871
1500	60	70	168.3453237	2860.143885
2000	60	70	222.3021583	3507.625899
3000	60	70	330.2158273	4802.589928

（三）江苏省农村养老保障体系建设中的政府责任概况

江苏位于中国东部，东边是黄海，相邻的省份有浙江、安徽等，流经的河流包括长江和淮河，物产丰富。2014 年全省人口总量为 7960.06 万人，相较于中西部地区，其农村人口占比较小，但也达到了 2769.3 万人，城市化率为 65.21%；2014 年全省总产出 65088.32 亿元，人均产出高达 81874 元，远高于中西部地区。城市和农村人均收入差异依然明显，虽然农村人均收入已接近 15000 元，但相较于城市地区，仍达不到其人均收入的一半①。由于经济发展程度较高，江苏省农村养老保险体系的构建有可靠的经济保障。

1. 政治责任

2003 年，江苏省苏州市在省内率先推行国家、集体和个人三者缴费相结合的“新农保”，省内其他各地也紧跟步伐纷纷进行“新农保”制度建设试点。2008 年，江苏省在总结前期“新农保”试点经验的基础上，通过了《省政府关于建立新型农村社会养老保险制度的指导意见》（以下简称《指导意见》）。该政策参考了城镇职工养老保险的运行方式，账户包括社会统一筹集和私人缴费两部分。个人账户用来存储每个人的缴费金额，政府和集体对参保人员的补助也有一部分要存入个人账户，剩余的金额放入社会统一筹集账户。除此之外，文件还规定，在制度实施前，已经达到法定领取年龄且家里有直系亲属参与过“新农保”的老年

① 数据来源：《2015 年江苏统计年鉴》。

人，可享受养老资金补助。

2009 年，江苏省在前期指导文件的基础上，又通过了新的办法，即《江苏省新型农村社会养老保险制度实施办法》（以下简称“省办法”），明确规定了制度的实施细则：政府为每位新农保参保人建立终身记录的养老保险个人账户。个人缴费、集体补助及其他社会经济组织对参保人缴费的资助、地方政府对参保人的缴费补贴，全部记入个人账户。相对于 2008 年的“指导意见”，新办法使政府的财政负担更大，但增加了农民个人账户的金额，更好地保障了农民的老年生活。

2010 年初，江苏省人社厅又下发落实《江苏省新型农村社会养老保险制度实施办法》的通知，明确了制度目标：该年度“新农保”制度要全部落实到位；针对江苏省满足养老金领取条件，并且年龄达到法定领取年龄的农村人口，至少要发放 95%的农村居民基础养老金；本省至少要有 80%的农村居民参与“新农保”，并完善绩效考评制度。全省要认真地记录和统计该通知在每个地区的实行情况，并在每个月 5 日前报送省“新农保”指导规划办公室。省政府指定了专门的主管部门加强对全省“新农保”政策落实和推进的督查考评。对于未能按序时进度要求完成省委省政府既定目标任务或相关重要指标的市、县(区)将予以通报，同时，全省“新农保”工作绩效情况统计表(月报)将定期在《工作简报》上刊登。

2012 年 10 月底，在“新农保”指导小组的三季度工作情况通报会上，省政府已经开始制定构建“城乡保”的具体实施政策，消除城镇居民、农村居民享受养老保障时的转接障碍，提高养老保障水平。2014 年，江苏省印发了构建和健全“城乡保”的实施文件，即《省政府办公厅关于进一步完善城乡居民基本养老保险制度的意见》(苏政办发〔2014〕104 号文件，以下简称《实施意见》)，指出自 2013 年年底起，江苏省将全方位地统一过去分立的两项制度，增加“城乡保”的覆盖范围。在新制度下，养老待遇标准持续提高，制度管理更加规范，有力促进了社会保障事业发展。

在推行新制度的过程中，江苏省农民也对政府工作提出了自己的期望，如表 8.10 所示，将近 90%的村民希望政府能在提供财政补贴方面做出努力，83%的村民希望政府能够提高养老保障水平。因此，政府应该更加重视财政补贴和养老保障水平的相关工作，切实地考虑村民意愿，使农村养老保障制度更好地发挥作用。

表 8.10　2017 年调研——江苏省农民对农村养老保险建设中的政府责任的期望

项目	人数/人	比例/%	项目	人数/人	比例/%
提供财政补贴	133	89.86	巩固家庭养老	54	36.49
设计合理制度模式	76	51.35	促进尊老风气	77	52.03
提高养老保障水平	123	83.11	保证养老基金安全	83	56.08
确立合理制度目标	78	52.70	实现养老基金保值增值	82	55.41

数据来源：本课题组调研搜集整理得到。

江苏省在“新农保”的制度设计上具有前瞻性和灵活性，注重制度的组织设计和长期规划，对制度建设的长期趋势把握比较准确，具体可以从以下三点得到体现：一是注重制度的城乡对接。从2006—2009年，江苏省各地在实施“新农保”的过程中，就已经开始推行“职工保”的养老金设置方法，即由基础养老金和个人缴费两部分构成，为制度间的衔接奠定了基础。二是缴费标准设置比较灵活。根据农民收入差异明显的特点，“新农保”设置了更宽泛的缴费标准，从100元到2500元有12个不同的缴费数额可供选择。同时，可根据当地实际鼓励地区调整缴费上下限。农民缴费越多，获得的养老保障水平就越高。综合来看，江苏各地设立的缴费档次较多，缴费标准比较适合各地的具体情况，具有较为充分的灵活性。三是制度设计的福利性。经济发展水平较高的地区可对满足以下条件的居民提供养老补助：不论男女，达到法定领取年龄；该居民的直系亲属曾参与过“新农保”或企业职工基本养老保险；居住在农村地区且没有社保的群体。该制度使得尽可能多的农民都能享受到国家的养老保障。

2. 经济责任

参与“新农保”的农民应该定期缴纳一定的保费。缴费档次有12种，其上下限分别是2500元和100元。地方政府对参保居民给予一定的补助，对最低缴费数额的补贴至少有30元/年；对于缴费数额大于一定金额的，政府给予的补贴至少为60元/年，最终补贴情况要根据政府规定设置。另外，政府对特别困难的如严重残疾的人士补贴所有或者部分的最低缴费额。

江苏省大部分地区按照《实施意见》的精神制定了相应的补贴标准，很多地区的补贴标准高于省规定的标准。如在徐州市，参保者每年缴纳保费高于500元的，政府给予的补贴数额至少为60元；每年每个参保人员缴费金额为500元、600元、800元时，补贴分别由原来的50元、55元、60元相应提高到55元、60元、65元；最高缴费档次补贴由原来的150元提高到200元。苏州市属于江苏省经济发展程度较高的地级市，其居民的缴费能力普遍较强，地方政府的财政也较充裕。为了使苏州居民有较高的养老保障水平，苏州市调高了缴费水平，最低缴费标准已达1000元以上，最高在2500元左右，强制性地使居民缴纳更多的保费，并且只设置4个缴费档次，缴费上下限差距不大。除此之外，苏州市对居民的养老补贴力度也很大，最低补贴金额已达到300元/(年·人)。其保费补贴不是根据缴费水平设置，而是根据不同年龄段设置不同的补贴标准。缴费年龄段分为中青年、中年和老年三个阶段，对年龄越大的参保者，政府的补贴也越多，因为年龄越大的参保者，其对养老保险的需求也越多，而且由于参保时间短，个人账户的累积金额比较少，政府对其补贴力度大，可以更快地增加其个人账户金额，从而保证养老水平不会太低。

在南京市，政府补贴分为三个等级，最低补贴130元，最高补贴150元，补贴标准明显低于苏州，且缴费在900元以上才能得到保费补贴。江苏省其他各市按照《实施意见》的精神也制定了相应的补贴标准，要求对于满足政府规定条件的参保者，不需缴费可以直接享受基础养老金。另外，政府也特别优待农村居民中的特殊人群，比如特别严重的残疾人员，地方政府(如县政府)帮助他们缴纳全部或者部分保费。在泰州市，对于有正常缴费能力的农民，政府提供的补助标准为30元/年，对于一些特殊群体如低保人员，每人补助100元/年，残疾人补助200元/年。总之，相比于其他省份，江苏省对社会养老保险的投入处于较高水平。数据显示，2014年江苏社会保障基金收入总额为2668.89亿元，其中政府补贴约709.59亿元，占基金总收入的26.59%。

政府有义务承担推进"新农保"工作的责任，政府在该工作上的积极态度、认真程度、推进力度决定了"新农保"工作是否可以顺利进行和起到应有作用。因此，江苏省政府将工作和各地区的绩效考核与经济发展结合起来，增强组织领导强度，保证各项政策落实到位。各级别的人社保障部门还制定了一定的规则来保证管理制度的完善，坚持业务的规范性，建设全方位的内控制度管理程序，每隔一段时间监督和查看基金的出入等问题，确保基金稽核及时、准确，定期对外公布有关基金筹集与流向的数据，充分重视公众监督作用，预防保障基金被挪用。财政部门也非常重视监督工作，时刻关注"新农保"的收支情况，并设置了财政专用账户，严格监控资金动向，保证每笔款项按规定使用。另外，监察和审计部门也认真承担监督职责。对于制度经办单位与村组织，公开该村居民参保以及领取等相关信息，确保公正性。

3. 社会责任

对于普及全省的"新农保"政策，江苏省以提供农村老年人基本养老帮助为目标，遵循惠农原则、顶层设计原则和统筹城乡发展的原则，大力推行"新农保"工作。全省13个省辖市和90个涉农县级政府在2011年到来之前，已经制定了推广"新农保"的政策策略。2014年底，江苏省已有2769.3万人加入"新农保"，其中约有1089.6万人满足了领取条件，参保覆盖率已达到100%，成功完成省政府制定的各项目标任务[①]。

江苏省政府除了努力提高养老的物质标准外，还很注重农村老年人的精神关怀，加强养老文化建设。根据最新制定的老龄事业推进计划，以科学建设为主题，坚持尊老、爱老、帮老三大原则，使老龄事业与江苏省社会进步目标相统一，使江苏老年人不仅有坚实的养老物质条件，还能快乐、充实地养老，有更好的生活。同时，将家庭养老与社会养老统一起来，使家庭和社区的功能互相糅合发挥作用，充分调动家庭、邻里、社区的精神关怀作用，使养老方式与时俱进的同时，传承

① 数据来源：《2015年度江苏省统计年鉴》。

民族养老文化的精髓。

第三节　三个典型地区农村养老保障体系建设中的政府责任比较及启示

通过研究上述三个地区(陕西、安徽、江苏)政府的政治、经济及社会责任概况，不难发现，在农村养老保障体系构建过程中，三者之间相互依存、共同作用。政治责任决定政府履行经济责任的大小；而社会责任保证并反映政府经济投入的实际效果。

一、三个典型地区的政府责任比较

(一)政治责任比较

通过对我国西、中、东部三个地区的调研结果可以看出，三个地区分别有56.70%、57.14%、82.72%的村民认为政府政治责任是农村养老保险广覆盖的关键，具体情况见表 8.11。三个地区都有过半数的村民认为强化政府责任更有利于农村养老保险的实施。

表 8.11　西、中、东部地区村民认为影响农村养老保险广覆盖的关键因素调研分析

地区	农民纯收入		强化政府政治责任，实行财政补贴		其他原因		合计
	人数/人	比例/%	人数/人	比例/%	人数/人	比例/%	
西部	143	31.92	254	56.70	51	11.38	448
中部	74	34.24	120	57.14	16	7.62	210
东部	17	10.49	134	82.72	11	6.79	162

数据来源：本课题组调研搜集整理得到。

根据前文三个地区“新农保”推行过程中政治责任相关概况的介绍(表 8.12)，可以看出，三个地区都将“新农保”工作作为民生工程重要项目之一，但是相关政策出台的时间和次数不同：陕西省从 2007 年至 2014 年间共出台了 1 项市级范围的政策，3 项省级范围的政策；安徽省从 2005 年就开始探索“新农保”，但是一直到 2014 年，也仅仅出台了 4 项省级范围的“新农保”政策；江苏省 2003 年就开始在苏州市探索“新农保”，到 2014 年出台了 5 项省级范围的“新农保”政策。由此可见，越是不发达地区，其地方政府的政治责任实现程度越是有待加强。

表 8.12 三个典型地区政府的政治责任比较

地区	执政理念	出台的政策法规	制度实施效果
陕西省	执政为民，勇于创新	2007 年，《宝鸡市新型农村社会养老保险试行办法》； 2009 年，《陕西省人民政府关于开展新型农村社会养老保险试点的实施意见》； 2011 年，《陕西省人民政府关于实施城乡居民社会养老保险制度全覆盖的意见》； 2014 年，《陕西省人民政府关于进一步完善城乡居民基本养老保险制度的实施意见》	截至 2011 年底，试点县扩至 70 个，覆盖比例达到 65.42%；全省已有 1277.5 万农民参加新农保，283.5 万农民开始领取养老金；2012 年 6 月底前基本实现制度全覆盖，比全国预估全覆盖日期提前四年实现。争取至 2020 年构建统一的养老保险制度
安徽省	以人为本，执政为民	2005 年，《安徽省被征地农民就业和社会保障工作指导意见》； 2009 年，《安徽省人民政府关于开展新型农村社会养老保险试点工作的实施意见》； 2012 年，《安徽省城乡居民社会养老保险优待计生家庭政策实施办法》； 2014 年，《安徽省人民政府关于进一步完善城乡居民基本养老保险制度的实施意见》	在粮食生产区探索“粮食换保障”试点工作；农村计划生育对象养老保险普遍建立；试点地区基本覆盖了村干部养老保险 截至 2011 年底，安徽省“新农保”参保人数已达到 2178 万人，已开始领取养老金人数为 572.7 万人，参保覆盖率已达到 100%，力争到 2020 年构建统一的养老保险制度
江苏省	以人为本，两个率先	2008 年，《省政府关于建立新型农村社会养老保险制度的指导意见》； 2009 年，《江苏省新型农村社会养老保险制度实施办法》； 2010 年，《江苏省新型农村社会养老保险制度实施办法》； 2012 年，江苏省制定“新农保”和“城居保”制度合并实施意见； 2014 年，《省政府办公厅关于进一步完善城乡居民基本养老保险制度的意见》	2010 年底，全省 13 个省辖市和 90 个涉农县级政府已经出台“新农保”指导意见或办法，实现“新农保”制度全覆盖； 2011 年底，江苏省已有 2060.6 万人参加“新农保”，达到领取待遇年龄参保人数为 632.2 万人，基本实现 100%的养老保障覆盖率； 2014 年，进一步完善城乡统一的养老保障体系

（二）经济责任比较

经济责任主要体现在政府对参加“新农保”的农民的财政补贴力度。本书从绝对和相对两个角度来对三个地区政府的经济责任进行比较。

1. 绝对比较

本书将当年政府的“新农保”基金支出作为地方政府对“新农保”的总体财政投入，总体财政投入与当年达到领取养老金待遇的参保人数之比作为人均财政投入。由 2014 年中国统计年鉴数据可计算出三个地区“新农保”的财政投入力度，如表 8.13 所示。由表可知，在政府的总体财政投入方面，江苏省最多，安徽省投入最少，陕西省居中；在人均财政投入方面，安徽省的投入仍是三者中最少，江苏省投入最多，陕西省居中。由此可见，江苏省的经济投入最大，中西部地区的陕西省和安徽省要略低。

表 8.13　三个典型地区地方政府财政投入力度比较

地区	总体财政投入/亿元	达到领取养老金待遇的参保人数/万人	人均财政投入/元
陕西省	541.4037	736.5	7351.03
安徽省	422.4536	605.2	6980.4
江苏省	709.59	853.6	8312.91

从表 8.14 可以看出，西、中、东部地区绝大多数的农村居民均认为政府补贴 30 元无压力。西部地区 18.8%、中部地区近 34.35%、东部地区 33.33%的农村居民认为政府完全可以承受财政补贴 30 元。

表 8.14　2017 年西、中、东部地区农村居民对政府补贴 30 元的主观感受比较(%)

地区	不能承担	承受范围内	完全可以承受	承受能力强
西部	5.98	12.82	18.81	62.39
中部	6.87	24.43	34.35	34.35
东部	4.17	17.71	33.33	44.79

数据来源：本课题组调研搜集整理得到。

2. 相对比较

本书中对政府财政投入程度的衡量采用政府对参保农民的补贴水平，以及到达领取年龄的农村老年人基础养老金发放水平两个指标。要衡量地方财政的补贴是否达到了国家规定标准，首选三个指标，即财政收入、中央规定的养老金补贴和缴费补贴标准，通过计算地方和全国财政收入的比值，以政府支付 60 岁以上老年农民的 70 元基础养老金和 30 元个人账户缴费补贴作为基数来计算政府理论上应支付的补贴标准。计算结果低于国家标准的，以国家标准为最低限度(表 8.15)。

表 8.15　地方财政农村养老保险投入程度比较　(单位：元)

项目	人均地方财政收入		基础养老金			个人账户缴费补贴		
	数量	基数	实际标准	理论标准	差额	实际标准	理论标准	差额
全国	10262	1	70	70	0	30	30	0
陕西省	8333	0.81	70	70	0	30	30	0
安徽省	5281	0.51	70	70	0	30	30	0
江苏省	22864	2.23	115	155.96	-40.96	60	66.9	6.9

从表 8.15 可以看出，安徽省和陕西省的人均地方财政收入低于全国平均数，但是基础养老金和缴费补贴均采用国家最低标准，政府财政责任到位。而江苏省的基础养老金与其人均地方财政收入水平不匹配，其实际支付标准与理论标准有一定差距，为 40.96 元，政府在基础养老金方面的财政责任远远高于全国水平。

表 8.16　2017 年西、中、东部地区农民期望政府财政补贴的比例(%)

地区	10%及以下	10%—30%	30%—50%	50%—60%	60%—80%	80%以上
西部	5.06	10.96	17.42	21.91	18.54	26.11
中部	3.41	16.67	23.11	9.09	26.13	21.59
东部	0	6.00	32.00	30.00	9.33	22.67

数据来源：本课题组调研搜集整理得到。

从表 8.16 可以看出，西部地区农村居民对财政补贴的期望值集中在 50%以上，其中在 80%以上的比例最高(26.11%)；中部集中在 30%以上，其中 60%—80%的比例最高(26.13%)；东部集中分布在 30%以上，其中 30%—50%的比例最高(32%)。不同地区农民对于财政补贴的期望值不同，中西部地区农村经济较落后，农村居民期望得到较多的财政补贴解决养老问题。因此，中西部地区政府承担的经济责任比东部地区大。

相对比较还包括财政负担能力的比较，这里采用农村养老保险年财政支出额与地方财政收入之比来衡量。2014 年三个典型地区的财政负担程度如下：陕西省“新农保”基金支出总额为 541.4037 亿元，与财政收入之比为 1.13%；安徽省“新农保”基金支出总额为 422.4536 亿元，与财政收入之比为 2.02%；江苏省“新农保”基金支出总额为 709.59 亿元，与财政收入之比为 0.80%。由此可见，2014 年三地区均可承受“新农保”基金的支出，但江苏省的承受能力相对于中西部地区的安徽省和陕西省更强。

养老金水平反映了制度设计的合理性和可持续性。这里采用养老金替代率来比较三个典型地区的养老保障水平，用领取金额与人均收入之比来计算。为了便于计算，不考虑基础养老金、通货膨胀率等因素，如果以 2014 年的缴费标准缴费 15 年为基准，陕西省、安徽省、江苏省分别以 100 元、200 元和 400 元的缴费档次来计算个人账户养老金，则陕西省农民个人账户养老金为(100+30)元/年×15 年÷139 个月=14.03 元/月，安徽省农民个人账户养老金=(200+30)元/年×15 年÷139 个月=24.82 元/月，江苏省农民个人账户养老金为(400+60)元/年×15 年÷139 个月=49.64 元/月。根据《2015 年中国统计年鉴》，陕西省、安徽省和江苏省 2014 年农民人均纯收入分别为 7932 元、12467.63 元和 14958 元，月均收入分别为 661 元、1039 元和 1246 元。据此计算出三个典型地区的养老金替代率，计算结果如表 8.17 所示。

表 8.17　三个典型地区农民养老金替代率比较

省份	基础养老金/元	基础养老金替代率/%	个人账户养老金/元	个人账户养老金替代率/%	养老金总额/元	养老金总替代率/%
陕西省	70	10.59	14.03	2.12	84.03	12.71
安徽省	70	6.74	24.82	2.39	94.82	9.13
江苏省	115	9.23	49.64	3.98	164.64	13.21

根据表 8.17 可知，三个典型地区的农村养老金替代率均不达标。其中养老金替代率最高的是江苏省，为 13.21%；最低的是安徽省，为 9.13%，距离国际上规定的 50%还很远(曹信邦，2012)。虽然江苏基础养老金替代率低，但个人账户养老金替代率高，体现了制度的效率性。

根据表 8.18 可知，西部、中部与东部地区农村居民中大部分 60 岁以上的老年人领到的养老金都在 0—300 元这个区间。西部地区领到超过 600 元的养老金农村居民仅占 28%，相比之下东部地区占到了 34%。因此，西部地区的政府要加大补贴力度，为当地农村居民的养老减轻负担。

表 8.18　2017 年西、中、东部地区农村居民中 60 岁以上老年人领到的养老金层次划分(%)

地区	0—300 元	300—600 元	600—900 元	900 元以上
西部	61	11	9	19
中部	61	22	16	1
东部	60	6	21	13

数据来源：本课题组调研搜集整理得到。

(三)社会责任比较

本书采用农业人口参保率来衡量和比较三个典型地区的农村养老保险参保率，农业人口参保率=农业人口已参保人数/农业人口数，可以衡量农民对养老保险的接受程度。自 2012 年开始，我国许多地区积极响应国务院“城乡保”制度试点的号召，养老保险已经按城乡居民参保情况统计，没有专门针对“新农保”制度的统计数据。因此，本书根据 2012 年中国统计年鉴数据，得出三个典型地区 2011 年农村养老保险的参保情况，详见表 8.19。

表 8.19 2011 年三个典型地区“新农保”制度保障情况

项目	陕西省	安徽省	江苏省
人口总量/万人	3743	5968	7899
农业人口数/万人	1973	3294	3010
城市化率/%	47.30	44.80	61.90
已参保农业人口数/万人	1277.5	2178.0	2060.6
农业人口参保率/%	64.75	66.12	68.46

由表 8.19 可知，自西向东，农业人口参保率越来越高。江苏省经济发展程度最高，城市化率最高，所以农业人口参加“新农保”的比率最高，为 68.46%；而陕西省农业人口参保率最低，为 64.75%；安徽省农业人口参保率介于两者之间，为 66.12%。三个典型地区农业人口“新农保”参保率差异较大的原因如下：

(1) 地方政府承担财政责任的能力不同，对“新农保”的扶持力度不同。地方经济发展得好，政府会给予参保人员更多的财政补助，这对于农民就更加有益，“新农保”工作更加容易推广。从表 8.20 可以看出，东部地区农村居民对养老状况的满意度最高，达到了 77.5%；中部地区最低，仅有 45.9%；西部地区为 66%，虽然高于中部地区，但是相比东部地区还有不小差距。因此，中西部地区不仅需要提高农村居民的参保率，更需要在农村居民的满意程度上下功夫。

表 8.20 2017 年西、中、东部地区农村养老状况满意程度情况(%)

地区	满意	不满意	无所谓
西部	66	18	16
中部	45.9	31.2	23
东部	77.5	14.5	8

数据来源：本课题组调研搜集整理得到。

对“新农保”工作人员的满意程度也是影响中西部地区农村居民参保率的重要因素。由表 8.21 可见，西部地区农村居民对“新农保”工作人员的满意程度最低，满意程度为“非常满意”的仅仅为 17%，比之于中部地区的 36%和东部地区的 32%还有很大差距。因此，西部地区政府不仅仅要监督养老资金是否落实到位，还要监督工作人员的职责是否落实到位、对民众的态度是否耐心细致，避免由于工作人员的不负责导致群众对国家政策产生误解。

表 8.21　2017 年西、中、东部地区农村居民对“新农保”工作人员的满意程度情况(%)

地区	非常满意	比较满意	一般	不满意
西部	17	31	47	5
中部	36	16	44	4
东部	32	45	21	2

数据来源：本课题组调研搜集整理得到。

(2)农民对政府养老的理解不同，对保险这一形式的接受度不同，如表 8.22 所示。

表 8.22　2017 年西、中、东部地区农村居民认为“新农保”能否解决养老问题(%)

地区	农民对“新农保”解决养老问题的期望值			
	不抱期望	较低期望	较高期望	很高期望
西部	49.16	19.66	23.88	7.30
中部	15.85	36.23	31.70	16.22
东部	6.76	27.70	55.40	10.14

数据来源：本课题组调研搜集整理得到。

从表 8.22 可以看出，越是不发达地区，农民对养老保险的信任度越低。西部地区 49.16%的农民对“新农保”解决养老问题不抱期望，而中东部基本稳定在较低期望和较高期望上。出现这种现象的主要原因：一是由于“老农保”制度对农民的伤害比较大，农民害怕政府对制度不承担任何责任的情况再次发生；二是对“新农保”制度的养老能力普遍不乐观，很多农民都考虑到，按照规定的缴费水平和养老金待遇，将来的替代率过低，根本保障不了基本养老生活。

另外，西部地区政府还要加大监管力度，保证养老资金及时准确发放。从表 8.23 可以看出，西部地区 76%的农村居民认为养老资金能够及时发放，这虽然高于中部地区的 57%，但是离东部地区的 94%还是有很大差距。因此，西部地区政府要规范养老资金的发放时间与发放程序，保证农村居民能够及时领到钱。

表 8.23　2017 年西、中、东部地区农村居民认为养老资金能否及时发放的统计表(%)

地区	能	不能	有些滞后
西部	76	17	7
中部	57	10	33
东部	94	2	4

数据来源：本课题组调研搜集整理得到。

二、结论和启示

通过三个典型地区政府责任的概述与比较，可以得到以下结论和启示：

(1)农村养老保障程度普遍不高。养老保障水平的高低决定防范老年风险的作用大小。保障水平越低，对于年老时所遇到的收入减少等风险的保障力度就越小，从而挫伤农民的参保热情。政府需要依据农民人均纯收入的提高，不断提高农民养老待遇，这有助于实现“新农保”制度政治和经济的双重目标。

(2)要加大财政投入力度。要使农村养老保障体系长久稳健运行，满足农民的养老需求，政府应在个人缴费的基础上，加大财政投入力度。

(3)需要设计更合理的缴费方式和缴费水平。设置多档次缴费时不仅要考虑农民的经济能力，还不能忽略农民的非理性。农民对缴费的选择往往偏向低档次、低标准。因此，有必要建立与农民人均纯收入相挂钩的比例缴费机制。

(4)中央政策应具有针对性，考虑各地的经济发展程度，设置多个等级的补贴标准，加大对欠发达地区的资金支持力度，鼓励经济发达地区自行筹集资金，并给予其相应的优惠政策。除了财政补贴以外，中央政府应通过行政法规等规范农民基本养老保障制度，研究建立专门的农村养老法律，确保“新农保”有法可依。

第九章　我国西部地区农村养老保障体系建设中政府责任的研究结论和政策建议

第一节　研　究　结　论

本书从制度建设的角度，论述了在西部地区农村养老保障体系构建中，中央和地方政府应该承担的责任。首先，主要从政治、经济与社会方面阐述了政府应该承担的责任内容；然后，结合西部地区的现状和特点，分析在农村养老保障制度构建中，中央和地方政府承担责任的差异；接着，对比研究国外养老保障制度的构建经验；最后，比较分析了我国东中西部地区不同政府履行责任的差异和政策实施的效果，并得出相关结论。

一、科学界定政府责任并保证实施是制度成功的首要条件

理清政府责任的内容和界限，使政府严格履行农村养老保障体系构建中的职责，对构建服务型政府、保护农民合法权益、促进东中西部地区均衡发展、维护社会公平正义具有重要意义，尤其在化解严重的农村人口老龄化压力，促进西部地区经济社会发展，提高农村养老保障制度覆盖率等方面具有不可替代的作用。

二、政府执政理念应与时俱进，引领政府责任内容及时转变

从制度演变的内在规律来看，一定时期的政治、经济、社会文化等因素会影响该时期政府的执政理念，进而影响制度的价值取向。我国西部农村养老保障体系的构建也遵循这一原则。在制度构建早期，由于国家政策影响，制度的价值取向偏向城市，政府在农村养老保障体系构建中经济责任缺位，但随着政府执政理念的变化，政府财政责任也逐步加大。所以，在加强制度建设的基础上，农村养老保障体系建设中的政府责任内容要和其执政理念相契合。

三、政府责任的三大体系相互影响并互为促进

在西部地区农村养老保障制度构建中，政府除了要承担经济责任，还应该承担政治及社会责任。其中政治责任主要是指西部地区政府在推进农村养老保障体系构建时，要确立与我国不同时期社会背景相适应的执政理念，并确立与之相匹配的农村养老保障体系的价值取向，从顶层设计层面，明确农村养老保障体系的基本目标、发展模式和主要内容等；经济责任主要指各级政府在农村养老保障模式选择、财政补贴、管理方式等方面的责任；社会责任主要包括与传统养老文化协调发展的责任、确保养老保障水平适度的责任、提高养老保障制度覆盖率的责任和建立城乡统一的养老保障体系的责任等。

三种责任相互影响：政治责任决定政府履行经济责任的价值取向、大小、模式等；社会责任保证并反映政府经济投入的效果。

四、政府制度设计要符合西部地区传统文化特点

农村养老保障制度能顺应民心、得以顺利推行，很重要的一环在于养老保障制度的政策设计要融合民族传统养老文化，充分体现“尊老”和“巩固家庭”的文化理论，这样才能获得农民的认可和接受。

五、政府履行经济责任的大小和方式直接关系到制度的成败

政府承担财政责任的大小、方式等决定农村养老保障体系构建的成败。特别是对于经济欠发达的西部地区，政府财政补贴的多少直接影响到农民的参保意愿和制度的覆盖率，而加大补贴力度又会增加政府财政负担。因此，如何平衡财政支出、扩宽筹资渠道是西部地区政府迫切需要解决的问题。

六、构建符合西部地区特点的多层次农村养老保障体系

当前，完全靠社会基本养老保障制度还无法解决养老保障水平低、养老金替代率低与制度覆盖率低的问题，势必要调动多方力量，探索多层次的养老保障模式，在社会基本养老保障之外，继承民族养老文化，融合传统家庭养老，发展居家式的养老服务等具有特色的养老保障模式和体系。

七、发展适应时代需求和西部地区特点的新型养老文化

在西部地区人口老龄化加重和农民群体职业分化日渐明显等背景下，创新农村养老保障体系是时代要求。为此，应构建新的制度理念，革新养老文化，发展新的养老保障制度和方式。

第二节　政 策 建 议

根据前文所述，在完善西部地区农村养老保障体系建设中，政府应该承担政治责任、经济责任和社会责任，三种责任缺一不可，互为补充，本书据此提出相关政策建议。

一、积极承担政治责任，确保制度建设“公平优先”的价值取向

政府承担的政治责任主要包括确定科学的执政理念，确保养老保障体系建设的价值取向契合国情国策，探索多种形式的养老保障模式等。

(一)确立“公平优先”的制度建设价值取向，确保政策向西部倾斜

一定时期内一个国家的执政理念，从根本上影响该时期社会保障制度的价值取向和发展方向(郑军，2011)。执政理念的设置和调整，势必影响农村养老保障体系的建设原则和发展方向。

长期以来，西部地区的经济发展水平远远落后于东部地区，且发展差异呈扩大趋势，西部地区农村的养老保障建设更是长期处于较低水平，长此以往，势必影响东中西部地区的均衡发展与和谐稳定。从西部地区内部来看，城镇地区经济发展和社会保障建设水平明显高于农村地区，而西部地区 50%以上的人口分布在农村地区，如果不解决好农村地区的养老保障建设，也势必影响到城乡协调发展。社会化的养老保障是对财富的再分配，也是一种正义的补偿机制，其初衷和本义就是实现对社会弱势群体的帮助和补偿，促进社会公正、和谐。因此，十分有必要减少各地区各个群体养老保障的差异，消除多轨并行，把全民纳入公平、统一的保障体系。尤其针对西部地区农民缴费能力普遍较低、养老金保障水平过低的情况，提高对西部地区农村养老保障的投入水平，对于营造和谐社会、增进社会公平意义重大。因此，“公平优先”的原则更符合当前我国西部农村养老保障体系建设的需要。

(二)因地制宜，出台地方性法规，明确各级政府责任

通过研究国外成功的农村养老保障体系建设经验可知，构建系统和专门的法律是其共同特点。我国还未形成独立的养老保险法律文件，专门的农村养老保险法，在我国更是一片空白。目前我国农村养老保险制度建设的主要依据是 2011 年颁布的《中华人民共和国社会保险法》、2009 年国务院颁布实施的《关于开展新型农村社会养老保险试点的指导意见(以下简称《新农保指导意见》)》以及 2014 年颁布的《关于建立统一的城乡居民基本养老保险制度的意见》。虽然《新农保指导意见》对农村养老保险的实施原则和标准进行了详细规定，对农村养老保险建设起到了指导作用，然而随着农村养老保险工作的不断开展和推进，《新农保指导意见》已经显得较为滞后。因此，国家必须积极履行政治责任，抓紧时间制定农村养老保障法律法规。

西部地区地域辽阔，各省份基本情况和发展程度差异较大，单靠国家出台的指导性法规无法有针对性地解决当地的问题，从而导致制度建设迟缓。因此，西部各级地方政府势必要在国家指导性法律的基础上，结合本地实情，积极探索符合当地的农村养老保障模式，提高制度的灵活性，并以法律法规形式加以保障，使制度建设有法可依。

在政府责任分配方面，西部多地都未明确规定市、县的责任比例。非刚性约束带来的结果就是财政收入较低的市级和县级政府在养老保险制度的推广和提供财政补贴中缺少积极性和主动性，如懈怠于补贴经济困难的群众，甚至可能会出现限制农民投保档次的情况。因此，西部各省份在划分养老保险的补贴责任时，应在考虑各地财力的基础上，尽可能明确各补贴环节中各级地方政府补贴的政策和具体比例，以减少补贴不到位的情形，增加补贴的有效性和持续性。

(三)多种途径鼓励家庭养老，巩固家庭养老功能

数据显示，西部农村地区老年农民的主要收入来源中，男性和女性分别有 35%和 60%来自家庭其他成员供养，绝大多数农民“养儿防老”的观念较重；另外，西部农村社会养老机构不足、发展水平低且农民接受程度较低，养老重任完全依靠机构养老并不现实。因此，在一定时期内，家庭养老仍是西部农村的主要养老模式，应该通过多种途径鼓励家庭养老，巩固家庭养老的重要地位。

(1)鼓励农村劳动力就地消化，为家庭养老提供人力基础。

西部各省份属于人口流出大省(区、市)，农村地区尤为严重，青壮年常年在外打工，留下老年人独自生活，起居无人照顾，家庭养老功能完全丧失。为此，首先要解决家庭养老中“赡养人”角色缺失的现象。“赡养人”角色可由机构或家庭成员承担。虽然目前城市中兴起了“一键养老”等新兴家庭养老模式，即老年人家中安装电话或电子服务装置，需要时按键呼叫服务，此时机构或政府承担

了“赡养人”角色。然而，西部农村地区农民居住较分散，且安装电子服务装置有一定成本，故此模式适合人口较集中的城镇和农村地区，并且由家庭成员照顾老年人既是子女应尽的义务，也符合老年人心理。

因此，第一，应大力发展乡村经济，开办乡镇企业，政府可通过税收优惠、优先贷款等条件，鼓励乡镇企业录用本地农村居民。第二，通过多种形式鼓励农民在家乡自主创业，当地就业。

(2) 大力弘扬孝道文化，为家庭养老提供文化支撑。

由于市场经济的冲击和人们对传统文化的不重视等原因，传统孝道文化遭到严重冲击，这使得年轻人赡养老年人的观念越来越淡薄。为此，应大力弘扬孝道文化，提倡孝敬、关爱和照顾老人，在社会上形成“尊老、养老、爱老”的风尚。

另外，可以借鉴东南亚各国的经验，实施各种政策支持家庭成员对老年人的照顾。例如，在经济方面，给予税收优惠，子女在缴纳个人所得税之前扣除赡养老年人的费用。如果为了方便照顾，子女选择与父母较近的住宅，政府可提供优惠政策就近安排。另外，家中老年人需要贴身看护的，可以为其子女适当安排假期。

(四) 大力发展村集体互助养老、新型土地养老等多种养老模式

1. 大力发展村集体互助养老模式

根据农村多以村集体方式开展活动这一特点，西部农村地区可发展具有农村特色的社区养老模式，即村集体互助养老，模拟家庭养老，既满足老年人“不离家不离村”的要求，又容易组织开展。比较成功的案例是河北省肥乡县(现邯郸市肥乡区)的互助幸福院模式，由村委发起和主办，提供基础设施、医疗卫生服务和管理等方面的支持，利用村里的闲置校园、村委会等场地，老年人自我管理、相互帮助，白天到院里消遣休息，晚上回家和家人团聚。另外，家里有老年人参加互助幸福院的，其子女可轮流到院里对所有老年人提供照顾服务。

2. 探索多种形式的土地养老模式

土地是农民最重要的生产资料。在西部地区青壮年普遍外出打工、放弃农业生产、老年农民又无力耕作的情况下，努力盘活土地资源，探索多种形式的土地养老模式，使土地资源既不浪费又为养老所用，这有助于解决农民的养老难题。

以下几种新型模式可供参考：第一，互助自养模式，可参考浙江省衢州市开化县的做法。该模式是在幸福互助院的基础上，由村集体组织，并设专人负责互助院的管理。村集体提供田地或由加入互助院的老年人提供自家田地，这些田地可由村委会统一协调，把分散的田地调整到互助院周围，形成大块整片田地，以方便老年人耕作和进行机械化生产。老年人根据年龄、身体健康状况，找到适合自己的农活来干，生产粮食和蔬菜等供自己食用，剩余的可由互助院管理者或村

委会代销。由于土地规模集中，村委会可代购农用机械代替重体力农活。根据干农活的轻重、数量，互助院可给予老年人一定的劳动费。第二，土地租赁养老，对愿意以此种方式养老的老年人，村集体可将其土地通过置换等方式集中起来，交由村集体使用，村集体支付给老年人固定的养老费用并提供定期看护、照顾等养老服务，或者将集中的土地租赁给他人，以租赁费养老。

二、科学设定经济责任，保证制度的合理运行

政府承担经济责任，其主要内容是积极承担财政责任。

(一)改革养老保险缴费制度，提高制度覆盖面与保障水平

(1)建立与收入水平关联的缴费机制。

随着西部地区经济的发展和农民消费能力的上升，农民的养老费用需求也会提高，若不及时提高缴费标准，会使养老金替代率下降，从而降低养老保障制度对农民的吸引力。

建立与收入关联的缴费机制，即根据个人收入确定缴费多少，并实行累进费率制，保费占收入的比例随着收入水平的提高而提高。具体来说，可以借鉴英国养老保险的收入关联缴费机制的经验，取消固定缴费机制，个人收入乘以相应的系数就是应缴金额，随着个人收入的提高，阶梯形地提高个人的缴费比例。我国西部地区农民缴费能力比较弱，缴费比例可以从较低层次开始，先按个人收入的6%左右缴费，当农民收入达到一定水平时，再逐步提高个人缴费比例，分阶段达到和城镇职工养老保险相一致的8%的比例水平，实现城乡养老保险缴费水平和待遇标准的对接，完成城镇和农村养老保险体系的统一，逐步提高政府财政补贴和个人缴费标准，使“新农保”个人账户养老金替代率在2020年达到30%。

(2)建立与缴费时间长短及档次关联的激励机制。

目前我国西部大部分地区对选择较高缴费档次的参保人都进行了不同程度的补贴，但补贴金额较少，对投保人多缴保费的鼓励作用不大。例如四川、内蒙古、广西、陕西，对选择400元/年档次的投保人仅给予15元/年的补贴，对500元/年的给予20元/年的补贴①，不同档次之间仅有5—10元的差别，激励作用较小。另外，农民参保年限对养老金的领取水平影响也较小。根据目前政策标准计算，养老金多缴费1年，领取时个人账户金额增加约0.9元/月，较早缴费对投保人没有太大吸引力。

因此，可以建立缴费激励机制，实行级差递增型的补贴政策，缴费越多，补

① 根据2009年左右西部12省份相继出台的新农保相关政策文件整理得出。

贴增加得也越多，并对选择超过自己缴费标准的投保人进行额外补贴。例如采取收入关联缴费机制后，对于平均月收入 2000 元的投保人，其缴费标准比例是 4%，月收入 3000 元的缴费标准比例是 5%，当月收入 2000 元的投保人选择 5%的比例缴费时，给予额外的补贴，从而激励农民缴纳更多保费。为了鼓励早缴保费，可以建立缴费时间关联机制，缴费每满 5 年或 10 年，给予农民一定程度的优惠减免，连续缴费时间越长，优惠幅度越大。

(3) 完善“捆绑缴费”制度，使其更灵活和人性化。

根据“新农保”的“捆绑缴费”制度，年满 60 岁的老人不需缴费，但其符合条件的子女应当缴费，这种设计强调子女的缴费义务，充分体现了家庭养老的作用。另外，根据本书的测算，较早参加养老保险相比于临近退休再参加，其替代率有明显提升，强迫子女较早地参加养老保险，对于提升其老年养老金水平的作用巨大，该设计也分散了年龄风险，应继续严格执行。

然而，西部农村地区一部分年满 60 岁的老年人的子女并无缴费能力，从而使老人无法领取基础养老金，相当于把最需要帮助的群体排除在外。对此，政府可修改该条制度，使其不适用于孤寡老人、特殊困难老人等群体，以保证该类群体能够享受到基础养老金。

另外，年满 60 岁的老年人不需缴费，因此即使儿女缴费再多，自己也只能领取基础养老金，金额较低，无法满足养老需求。可以规定儿女缴费时间越早、缴费档次越高，老年人领取的基础养老金也越高。

(二) 扩大补贴对象，加强对贫困农户的补贴力度

政府承担制度建设的社会责任，就要求其建立更加公平、惠及全体社会成员的养老保障体系，就要对弱势群体提供必要的帮助。

目前西部大部分省份，对于缴费能力较弱的群众，都构建了相应的补贴机制，例如对农村重度残疾人提供一定的基本缴费补贴。宁夏、广西、陕西、内蒙古将农村低保家庭、五保供养对象或者中轻度残疾人也视作缴费困难人群，并给予一定的补贴。在补贴水平方面，西部多数省份制定了 100 元/年的补贴政策，然而，随着居民消费水平的提高，100 元/年的补贴标准仍是杯水车薪。因此，对于经济困难群众，应提高补贴水平，建立与物价关联的补贴机制。

在补贴人群方面，西部地区大多数省份都只将残疾人列为补贴对象，只有少数省份将农村低保家庭也列为补贴对象。由于西部经济发展程度低，农民人均收入普遍不高，还有很大一部分农民在低保线边缘徘徊，如果不对其进行财政资助，很可能将有很大一部分人不能纳入养老保险的保障范围，从而影响“全民参保”的政策目标。因此，扩大补贴对象也是西部地区农村养老保障体系的建设方向之一。

（三）根据各地财政状况实施“精准补贴”

承担经济责任要求政府积极提供财政支持，建立与中央和地方的财政水平相匹配的财政补贴制度。

(1) 中央补贴非“一刀切”，根据各省份财政收入差别对待。

目前中央的“出口”补贴采取的是“一刀切”政策，即对于每人每月 55 元的基础养老金，东部地区补贴 50%，中西部补贴 100%。然而实际情况却是，东中西部经济发展水平差异巨大，有的东中部地区根本无须补贴，或补贴比例不需达到 50%或 100%，同样，西部各省份财政能力差别也较大，如果补贴“一刀切”，则会造成财政资金补贴了无须补贴的地区，而对需要更多中央财政支持的贫困地区补贴不足，从而导致贫困地区政府财政负担过大，养老保障水平不足。

因此，中央补贴应根据地方财政收入水平划分，加大对西部贫困地区的财政支持力度，健全对贫困地区的专项扶持政策。另外，根据目前中央和地方的财政收入分配关系，地方财政占比逐渐降低，中央和地方分别能承担多少补贴责任、如何划分也需要重新权衡。

(2) 地方政府合理分配补贴责任，均衡各级财政负担。

从第五章的分析可以看出，西部各省份都下放了部分补贴事权。然而，部分省份的下放程度过大，可能造成财权、事权分担不均。如贵州省将多达三分之二的基本缴费补贴责任下放给市级和县级财政，自身只承担三分之一，这样的补贴比例安排虽然减轻了省级财政压力，但会增加市县级财政的负担。因此，在补贴比例的安排上，省级政府要保证各地市的财权、事权比例协调，合理分配补贴责任，均衡各级财政负担。

(3) 提高养老保险基金统筹层次，引入市场机制，实现基金保值增值。

农村养老保障体系可持续运行的必要条件之一就是有稳定充足的养老保险基金，这就要求引入市场机制，实现养老保险基金保值增值。

在基金保值增值方面，国内学术界普遍认为提高基金统筹层次能够避免“碎片化”基金管理方式，充实养老基金数额，并且有利于拓宽投资渠道，是解决基金管理问题的必然出路。“城乡保”制度实行基金省级统筹，替代了“新农保”基金县级统筹的方式，但从省级统筹到全国统筹仍有不少距离。同时，西部地区由于投资人才缺失和金融市场不完善，投资渠道受限。针对这一问题，在强化优惠政策以吸引优秀人才的同时，应该逐步引入市场机制，积极和商业保险公司等专业金融机构合作，平衡收益和风险，合理评估投资对象，使基金不断升值。

三、勇于承担社会责任，保证制度建设的效果

承担社会责任要求政府确保养老保障处于适度水平，努力提高制度覆盖率，

发展符合西部特点和顺应时代潮流的养老文化，稳步推进城乡养老保障体系的衔接等。

(一)制度创新立足新形势，并与西部地区的农业、社会政策相联系

当前，西部地区呈现出人口老龄化加重、农村群体职业分化加深等新特点，政府必须立足新形势，积极履行养老保障制度的创新责任。另外，农村养老保障体系关系到国家的城镇化、工业化、农业现代化、产业调整等多方面政策。根据国外经验，农村养老保障制度的具体实施方案可配合国家相关政策开展。例如为了发展现代农业，实现农场经营者年轻化、现代化，德国政府鼓励老年农场主出让其农场所有权，并规定只有出让了农场所有权的农场主才能领取足额养老金。

西部地区第一产业比重大，但由于小农经营等多种原因，土地利用率不高。因此，可以把养老政策和土地流转结合起来，鼓励农民积极参加土地流转，租赁、转让土地经营权的农民可获得较高的养老保险金补偿，健全失地农民的养老保障体系。

另外，西部地区各省份农村人口职业分化加深，有专业从事农业生产的农民，主要从事农业生产同时还进城从事其他工作的农村劳动人口等多个类型。这些职业各异的农村人口应该加入何种养老保险，养老保险制度应如何安排才不会阻碍人口流动，这成为农村养老保障体系建设的重要课题。

(二)弘扬传统养老文化，尊重少数民族文化和宗教信仰

农村养老制度能顺应民心、得以顺利推行，很重要的一环在于养老保险的制度设计需要融合民族养老传统，充分体现“尊老”、“孝道”和“巩固家庭”的文化理念。

此外，西部地区民族较多，生活方式多样，民族文化各异，部分地区对养老保险的理解和接受度低，因此不能一味强制推广，应该因地制宜，积极探索适合本地区尤其是少数民族聚居区的养老保障模式。

(三)建立“部分统一”式的城乡养老保险制度，切忌盲目推进

随着西部地区城镇化水平的进一步提高、人口老龄化程度的不断加深，迫切需要合并城乡两种养老保险制度，构建公平统一的养老体系。

对于统一两种制度，中央和地方都做了相关准备。中央层面，2014 年《关于建立统一的城乡居民基本养老保险制度的意见》出台，明确指出将“新农保”与“城乡保”两项制度合并实施，在全国范围内建立统一的城乡居民基本养老保险制度[①]。这不仅避免了不同人群养老制度在制度设计上的重复，简化机构设置，降

① 参见《关于建立统一的城乡居民基本养老保险制度的意见》。

低管理费用，并且城市和农村居民都享受相同的养老政策，促进了社会公平。

然而，这并不是说现在就完全具备了合并实施两种制度的条件。国外实行城乡统一养老保险制度的国家一般都具有经济发达、农民收入水平和缴费水平较高、对保险较为认可、城镇化水平高、城乡二元结构不明显等特点。而当前我国西部地区农民的缴费能力仍然较弱，城乡二元结构特点突出，农民对保险的接受水平还很低，这些都决定了西部地区不能急于求成、盲目地实施城乡养老保险制度合并。若停留在城乡各自独立的制度层面，则会固化现有的分立格局，不利于以后的合并实施。所以，实行制度大框架下的城乡统一，但具体缴费档次、保费补贴等方面存在差别的“部分统一”式养老保险制度比较符合当前形势。

总之，政府作为农村养老保障体系的构建者，要明确自身责任，积极担负相关职责，切实保障农民利益，确保制度公平和有效，促进社会和谐安定。

参 考 文 献

阿不来提，赵凤莲，2009. 新疆少数民族传统养老文化与新疆农村社会养老保障关系研究[J]. 西北人口，30(4):84-88.

保罗·皮尔逊, 2004. 福利制度的新政治学[M]. 汪淳波，苗正民，译. 北京：商务印书馆.

保罗·萨缪尔森，威廉·诺德豪斯, 1992. 经济学第12版[M]. 北京：中国发展出版社.

曹信邦, 2012. 新型农村社会养老保险制度构建：基于政府责任的视角[M]. 北京：经济科学出版社.

曹信邦，李静琪, 2011. 国外农村社会养老保险政府责任模式比较及启示[J]. 劳动保障世界(理论版)，(9):4-8.

陈明富,陈娜, 2014. 坚持人民主体地位:党的群众路线永恒的价值目标诉求[J].贵州师范大学学报(社会科学版)(3):43-47.

陈永佳, 2010. 确立和发挥商业保险在养老保障体系中的支柱作用[J]. 中国商界(下半月)，(6):53-55.

陈志国，2005. 发展中国家农村养老保障构架与中国农村养老保险模式选择[A]//北京大学中国保险与社会保障研究中心. 变革中的稳健：保险、社会保障与经济可持续发展——北大 CCISSR 论坛文集[C]. 北京大学中国保险与社会保障中心会议论文集:109-128.

崔红志, 2012. 新型农村社会养老保险制度适应性的实证研究[M]. 北京：社会科学文献出版社.

大卫·休谟, 2002. 人性论[M]. 关文运，译. 北京：商务印书馆.

戴维·波谱诺, 1999. 社会学[M].李强，等译. 北京：中国人民大学出版社.

邓大松，刘昌平, 2007. 新农村社会保障体系研究[M]. 北京：人民出版社.

董红亚, 2010. 中国政府养老服务发展历程及经验启示[J]. 人口与发展,16(5):83-87.

杜广庆，朱云, 2017. 基层政府在农村社会保障制度建设中的职能定位[J]. 安徽农业科学,(31):10056-10058.

冯永刚, 2017. 构建现代公民道德教育体系的必要性及路径选择[J]. 教育理论与实践,(4):48-51.

葛庆敏，许明月, 2011. 农村社会保障体系建设中的政府角色及其实现的法制保障[J]. 现代法学, (6):76-89.

公维才, 2007. 中国农民养老保障论[M]. 北京：社会科学文献出版社.

关信平, 2011. 论我国社会保障制度一体化建设的意义及相关政策[J]. 东岳论丛, (5):5-12.

郝金磊，贾金荣, 2011. 基于区域差异的中国农村养老保障模式研究[D]. 西安：西北农林科技大学.

何平, 2011. 中国农村养老保险制度改革与发展报告：可持续性分析[M]. 北京：中国经济出版社.

和春雷, 2001. 当代德国社会保障制度[M]. 北京：法律出版社.

胡继晔, 2011. 养老金体系在富裕国家的变化——以英国为例[J]. 国际经济评论,(6):113.

胡云超, 2005. 英国社会养老制度改革研究[M]. 北京：法律出版社.

蒋枢泓, 2011. 四川省新型农村社会养老保险制度分析[D]. 成都：西南财经大学.

J.G.斯塔克, 1984. 国际法导论[M]. 赵细田，译. 北京：法律出版社.

焦克奇, 2002. 浅谈新形势下我国老龄化的几个问题——学习《老龄事业发展“十五”计划纲要》[J]. 辽宁大学学报(哲学社会科学版),(4):85-87.

金雁, 2010. 农村社会保障体系建设中的政府责任探讨——以城乡统筹社会保障建设为视角[J]. 中共南京市委党校学报,(2):100-104.

李成威, 2006. 政府责任划分、职能分工与支出分配[J]. 改革,(5):31-38.

李俊生, 乔宝云, 刘乐峥, 2014. 明晰政府间事权划分构建现代化政府治理体系[J]. 中央财经大学学报,(3):3-10.

李珍, 2007. 社会保障理论(第二版)[M]. 北京：中国劳动社会保障出版社.

李振文, 2014. 公私合作视角下新农保管理服务创新研究——基于“德阳模式”探索实践的分析[J]. 社会保障研究,(4):21-28.

李正旺, 2014. 我国农村社会保障体系建设中公共财政的角色与责任[J]. 农业经济,(9):91-92.

李中义, 2008. 农村社会养老保险制度建设中的政府行为重构[J]. 社会科学战线,(9):94-99.

林义, 2006. 农村社会保障的国际比较及启示研究[M]. 北京: 中国劳动社会保障出版社.

林义, 2013. 统筹城乡社会保障制度建设研究[M]. 北京: 社会科学文献出版社.

林毓铭, 2005. 社会保障可持续发展论纲[M]. 北京: 华龄出版社.

刘昌平，谢婷, 2009. 财政补贴型新型农村社会养老保险制度研究[J]. 东北大学学报(社会科学版),(5):432-435.

刘金苹, 2010. 中央政府在新型农村社会养老保险制度中的财政责任分析[D]. 长春：吉林大学.

刘苓玲, 2009. 中国农村养老保障制度变迁、路径依赖与趋势[J]. 科学经济社会，(4)：52-56.

刘卫国, 2007. 农村社会养老保险制度创新构想——以青岛市为例[J]. 山东社会科学, (7): 46-49.

刘影春, 2013. 农村社会养老保险制度建设的国际经验及启示[D]. 武汉：华中师范大学.

龙莹, 2015. 论我国农村社会养老保障制度的政府责任[J]. 商业故事,(18): 6-7.

卢纯佶，程琳敏, 2014. 谈健全个人账户激励机制[J]. 中国劳动,(3):16-17.

洛克, 1982. 政府论(下篇)[M]. 瞿菊农, 叶启芳, 译. 北京：商务印书馆.

穆怀中， 1997. 社会保障水平适度的涵义[J]. 经济学文摘, (4):45-46.

尼古拉斯·巴尔, 2003. 福利国家经济学[M]. 邹明洳, 等译. 北京：中国劳动社会保障出版社.

欧文·休斯, 2001. 公共管理导论[M]. 彭和平，周明德, 金竹青, 译. 北京：中国人民大学出版社.

钱玄, 2004. 礼记[M]. 长沙：岳麓书社.

钱亚仙, 2008. 地方政府在农村社会保障中的责任探讨[J]. 中共青岛市委党校(青岛行政学院学报),(4):67-69.

秦薇,2015. 商业保险在社会保障体系中的地位与作用研究[J]. 知识经济, (18):54.

曲娜娜, 2012. 我国农村养老保障问题刍议[J]. 党政干部学刊, (1):56-57.

让·雅克·卢梭, 2010. 社会契约论[M]. 李平沤, 译. 北京：商务印书馆.

沙玉霞, 2010. 我国农村养老保障的问题与对策研究[D]. 济南: 山东大学.

宋昱辰, 2105. 论中国农村养老保障体系中的政府责任[J]. 农村经济与科技,(3):164-165.

苏雪, 2010. 民俗与养老——借鉴回族养老习俗解决同心县养老问题的思考[J]. 合肥学院学报(社会科学版),(4):118-122.

谭克俭, 2009. 农村养老保障体系构建研究[M]. 北京：中国社会出版社.

托马斯·霍布斯, 1985. 利维坦[M]. 黎思复，黎廷弼, 译. 北京：商务印书馆.

托马斯·亚诺斯基，亚历山大·希克斯, 2003. 福利国家的比较政治经济学[M]. 姜辉, 等译. 重庆：重庆出版社.

王大波, 2003. 俄罗斯经济转型过程中的养老保险制度改革及其反思[J]. 市场与人口分析, (4):67-71.

王奕, 2013. 新时期农村养老的困境与社会养老体系的构建[J]. 今日中国论坛, (11):44-46.

威廉姆・贝弗里奇, 2004. 贝弗里奇报告——社会保险和相关服务[M]. 劳动和社会保障部社会保险研究所, 译. 北京：中国劳动社会保障出版社.

魏哲铭, 李东, 刘叶. 2013. 新农保年青农民参保意愿偏低原因探析——“宝鸡模式”调查[J]. 西北大学学报(哲学社会科学版), (4):125-129.

夏鲁青, 2009. 日本的农村社会养老保险[J]. 山东劳动保障,(9):10-13.

亚当•斯密, 2005. 国富论[M]. 唐日松, 等译. 北京：华夏出版社.

杨翠迎, 2005. 中国农村养老保障何去何从?——对农村养老保障现状与问题的思考[J]. 商业研究, 5(8):167-170.

杨秀凌，黄可，康佳宁, 2014. 农村养老服务体系建设中的政府责任[J]. 经济与社会发展, (4):74-77.

殷宝明, 2013. 新型农村社会养老保险财政补贴机制优化研究[J]. 社会保障研究, (4):18-25.

于兰，潘忠宇, 2013. 少数民族文化与社会主义核心价值观[J]. 云南师范大学学报(哲学社会科学版), (6):73-79.

张海川, 2005. 中西方家庭养老比较与构建我国养老保障体系的探索[D]. 成都：西南财经大学.

张素琴, 2009. 强化政府在农村社会养老保险中的责任[J]. 湖南行政学院学报,(3):8-9.

章晓懿, 梅强, 2011. 影响社区居家养老服务质量的因素研究：个体差异的视角[J]. 上海交通大学学报(哲学社会科学版),(6):23-30.

郑秉文，陆渝梅, 2006. 波兰：转型国家社会保障改革的一个成功案例[J]. 中国改革,(7):68-70.

郑功成, 2014a. 公平、可持续：社会保障制度发展目标[N]. 光明日报, 01-31(003).

郑功成, 2014b. 中国社会保障改革：机遇、挑战与取向[J]. 国家行政学院学报, (6):24-32.

郑功成，周天勇，王思斌，等, 2002. 专家把脉未来就业和社保[J]. 劳动保障通讯, (3):12-22.

郑军, 2011. 中国农村养老保障制度中的政府责任研究——基于制度文化的视角[D]. 成都：西南财经大学.

郑军, 2013. 制度环境与政府责任：中国农村养老保障制度创新的关键[J]. 华东经济管理,(9):143-147.

植草益, 1992. 微观规制经济学[M]. 朱绍文, 等译.北京：中国发展出版社.

中共中央马克思恩格斯列宁斯大林著作编译局, 1972. 马克思恩格斯选集(第 1 卷)[M]. 北京：人民出版社.

中共中央马克思恩格斯列宁斯大林著作编译局, 1979. 斯大林选集(下卷)[M]. 北京：人民出版社.

中共中央马克思恩格斯列宁斯大林著作编译局, 1995. 马克思恩格斯选集:第 3 卷[M]. 北京：人民出版社.

中共中央马克思恩格斯列宁斯大林著作编译局,1986. 列宁全集：第 37 卷[M]. 北京：人民出版社.

钟仁耀, 2004. 养老保险改革国际比较研究[M]. 上海：上海财经大学出版社.

朱德云, 2001. 我国现行社会保障管理体制的缺陷与完善对策[J]. 现代财经，21(6):26-29.

朱立志, 方静, 2005. 德国农民的权益保障体系[J]. 中国农村经济, (3):75-80.

邹纯青, 2015. 基于新型城镇化的农村传统家庭养老模式创新的思考[J]. 管理观察, (12):27-29.

Beveridge W, 1942. Social Insurance and Allied Services[M]. London: HMSO.

Coser L A, 1964. The political functions of eunuchism[J]. American Sociological Review, 29(6) : 880-885.

Giddens A, 1998. The Third Way: the Renewal of Social Democracy[M]. Cambridge: Polity Press.

Hughes O E, 1994. Public Management and Administration: an Introduction[M]. New York: St. Martin’s Press.

Keynes J M, 1936. The General Theory of Employment, Interest and Money[M]. London: Palgrave Macmillan.

Midgley J, 1986. Industrialization and welfare: the case of the four little tigers[J]. Social Policy and Administration, 20(3):225-238.

Nath S K ,1979. A Reappraisal of Welfare Economics[M]. London: Routledge and Kegan Paul.

Parsons T, 1945. The problem of controlled institutional change[J]. Psychiatry, 8(1):79-101.

Pigou A C, 1920. Economics of Welfare[M]. London: Macmillan.

Rawls J, 1971. A Theory of Justice[M]. New York: Belknap Press of Harvard University Press.

Samuelson P A, 1954. The pure theory of public expenditure[J]. Review of Economics and Statistics, (36):387-389.